LEUR TROTSKY ET LE NÔTRE

Leur Trotsky et le nôtre

JACK BARNES

Pathfinder

NEW YORK   LONDRES   MONTRÉAL   SYDNEY

Rédaction : Steve Clark et Mary-Alice Waters
Rédaction de la traduction de l'anglais au français : Michel Prairie

© 1983, 2002 Pathfinder Press
© 1985, 2004 Pathfinder Press
All rights reserved. Tous droits réservés.

ISBN 978-0-87348-960-7
Manufactured in Canada.
Imprimé et relié au Canada.

Première édition : 2004
Deuxième tirage : 2009

Conception graphique de la première de couverture : Eric Simpson
Peinture de la couverture : Robert Motherwell, *La fenêtre du jardin (ouverte n° 110)*, 1969. 150,6 x 100,3 x 5 cm, acrylique sur toile. Collection du Musée d'art moderne de Forth Worth, acquisition du musée, The Friends of Art Endowment Fund. © Dedalus Foundation, Inc. / Avec l'autorisation de VAGA, New York, NY, USA.

Pathfinder
www.pathfinderpress.com
Courriel : pathfinder@pathfinderpress.com

Table des matières

L'auteur	7
Introduction *Jack Barnes*	9
Le test des révolutions vivantes	31
Marxisme, bolchevisme et l'Internationale communiste	59
Les leçons de la révolution russe	85
Un héritage programmatique irremplaçable	109
Le gouvernement des travailleurs et des agriculteurs	125
Prolétarisation et continuité communiste aujourd'hui	147
Notes	165
Index	177

Du même auteur

LIVRES ET BROCHURES

Le désordre mondial du capitalisme
Le visage changeant de la politique aux États-Unis
Cuba et la révolution américaine à venir
La classe ouvrière et la transformation de l'éducation
Pour un gouvernement des travailleurs et des agriculteurs aux USA *(en anglais)*
Malcolm X parle aux jeunes *(en anglais et en espagnol)*

DANS LA REVUE 'NOUVELLE INTERNATIONALE'

L'héritage anti-ouvrier des Clinton : racines de la crise financière mondiale de 2008
Malcolm X : révolution, internationalisme et socialisme
Notre politique commence avec le monde
Le long hiver chaud du capitalisme a commencé
L'impérialisme U.S. a perdu la guerre froide
La marche de l'impérialisme vers le fascisme et la guerre
Les premières salves de la troisième guerre mondiale
La révolution à venir en Afrique du Sud
En anglais et en espagnol
La politique de l'économie : Che Guevara et la continuité marxiste
Le gouvernement ouvrier et paysan du Nicaragua

COLLABORATION

L'histoire du trotskysme américain, 1928-1938
En anglais et en espagnol
Playa Girón/Baie des cochons
Faire l'histoire
En anglais
Le procès du FBI
La grève contre la compagnie aérienne Eastern
En défense du centralisme révolutionnaire
La stratégie révolutionnaire dans la lutte contre la guerre du Viêt-nam
Lettres de prison
Marxisme et terrorisme
La stratégie léniniste de construction du parti

L'auteur

JACK BARNES est le secrétaire national du Parti socialiste des travailleurs (SWP) depuis 1972. Il est aussi un collaborateur à la rédaction de *New International*, une revue de politique et de théorie marxistes, et l'auteur de nombreux livres, brochures et articles.

Un organisateur du Comité fair-play pour Cuba et d'activités en défense des droits des Noirs, Jack Barnes a adhéré à l'Alliance des jeunes socialistes (YSA) en 1960 et au Parti socialiste des travailleurs en 1961. En 1965, il a été élu président national de l'Alliance des jeunes socialistes et il est devenu le directeur du travail du SWP et de la YSA dans le mouvement grandissant contre la guerre du Viêt-nam. Il est membre du Comité national du Parti socialiste des travailleurs depuis 1963 et un officier national du parti depuis 1969. Il a assumé d'importantes responsabilités dans le travail international du parti depuis près de 40 ans.

À partir du milieu des années 70, Jack Barnes a dirigé le tournant politique du SWP vers les possibilités d'incorporer l'écrasante majorité de ses membres et dirigeants dans la classe ouvrière et les syndicats industriels. À partir de cette base, les membres du parti ont construit le mouvement communiste et ont participé activement avec leurs camarades de travail aux efforts pour transformer les syndicats en instruments révolutionnaires de lutte qui défendent non seulement leurs propres membres, mais aussi les intérêts des travailleurs et des agriculteurs à travers le monde. On trouvera dans *Le visage changeant de la politique aux*

États-Unis : la politique ouvrière et les syndicats le compte rendu de ce travail de 1978 à 1991.

Depuis 1998, Jack Barnes dirige la campagne du SWP et de ses organisations fraternelles dans le monde pour s'appuyer sur ces avancées, en répondant aux ouvertures créées par le durcissement de la résistance et des actions de couches d'avant-garde de travailleurs et d'agriculteurs qui tiennent tête à l'effort des patrons pour accroître leurs profits sur le dos des producteurs. Le début de cet effort politique et des ajustements apportés par le parti à ses formes organisationnelles parmi les travailleurs engagés dans ces luttes est décrit dans « Des changements de mer dans la politique ouvrière, » le premier chapitre du livre *Le désordre mondial du capitalisme*. La continuité de cette campagne avec la lutte pour un parti prolétarien à notre époque est expliquée dans le présent livre, ainsi que dans *Cuba et la révolution américaine à venir* et dans la préface à l'édition de 2002 de *L'histoire du trotskysme américain, 1928-1938*.

Introduction

JACK BARNES

Je garde encore aujourd'hui un vif souvenir de ce moment, alors que je regardais le millier de personnes rassemblées dans l'auditorium de l'Institut de technologie de l'Illinois à Chicago, la veille du jour de l'an 1983. C'était le deuxième soir d'une conférence d'éducation socialiste tenue conjointement avec le vingt-deuxième congrès national de l'Alliance des jeunes socialistes (YSA). J'avais intitulé une présentation qu'on m'avait demandé de faire « Leur Trotsky et le nôtre, » mais la réunion ce soir-là ne portait pas sur Léon Trotsky. Elle portait sur les membres du Parti socialiste des travailleurs (SWP), les jeunes socialistes, nos camarades de travail et les sympathisants du parti — ce qu'ils avaient accompli et ce qu'ils étaient devenus au milieu des événements mondiaux considérables auxquels ils avaient répondu au cours des cinq années précédentes. Elle portait sur la révolution américaine à venir.

Quelque quatre ans auparavant, au début de 1978, le Parti socialiste des travailleurs avait opéré un tournant politique pour implanter la vaste majorité de nos cadres et dirigeants dans la classe ouvrière industrielle et dans les syndicats industriels. Nous étions en train de nous débarrasser des formes résiduelles de ce que Farrell Dobbs a appelé l'« existence semi-sectaire » qui nous avait été imposée depuis le repli de la classe ouvrière à la fin des années 40 et l'expansion du capital financier d'après-guerre qui a suivi. Nous avions commencé à reconstruire des unités organisées de membres du parti dans les syndicats industriels — des fractions syndicales nationales. Des femmes et des hommes étaient en train d'effectuer un travail politique communiste dans le mouvement ouvrier. La plupart d'entre eux avaient été recrutés par le parti révolutionnaire au cours des deux décennies précédentes en tant que jeunes socialistes activement engagés dans les batailles pour les droits des Noirs et des Chicanos, dans le mouvement contre la guerre du Viêt-nam, dans la défense et la diffusion des idées de Malcolm X, dans les luttes pour la libération des femmes et dans la défense de la révolution cubaine. Plus que tout, ils étaient déterminés à égaler l'intransigeance et l'esprit de corps de ceux qui ont fait la révolution cubaine. Ils constituaient la grande majorité des gens présents dans l'auditorium. Ils prenaient plaisir à pratiquer la politique prolétarienne. Ils anticipaient avec empressement le plaisir de plonger dans le combat de classe.

Le SWP et la YSA étaient activement impliqués à l'époque à faire connaître la vérité sur les révolutions populaires qui faisaient des progrès à la Grenade et au Nicaragua, et à défendre les gouvernements des travailleurs et des agriculteurs de ces pays contre le sabotage économique de Washington, les opérations de la CIA et l'agression militaire. Moins de trois ans auparavant, en 1979, des luttes révolutionnaires avaient porté ces régimes au pouvoir et ces victoires avaient complètement transformé la perspective d'étendre la révolution socialiste dans les Amériques — inaugurée deux décennies plus tôt par le triomphe à Cuba. Au Salvador, la lutte de libération avait reçu un puissant encouragement de la victoire nicaraguayenne. À l'autre bout du monde, une insurrection populaire massive avait aussi renversé au début de 1979 le « trône du paon » du shah d'Iran — le bastion le plus puissant de l'impérialisme américain dans le golfe Arabo-persique. La victoire historique du peuple vietnamien contre la guerre meurtrière de Washington faisait toujours partie de notre expérience commune et nous gardions frais à l'esprit notre combat pour le retrait des troupes U.S. Avec l'aide d'un puissant contingent de volontaires des Forces armées révolutionnaires de Cuba, les forces de la liberté effectuaient de nouvelles avancées en Afrique australe.

Les travailleurs socialistes aux États-Unis étaient profondément impliqués dans les luttes des travailleurs contre les exigences de concessions des patrons. Nous faisions campagne à l'intérieur et à l'extérieur des syndicats et parmi les travailleurs, les agriculteurs et les jeunes pour mobiliser leur solidarité avec les travailleurs et les paysans d'Amérique centrale et des Caraïbes et avec leurs batailles révolutionnaires, et nous étions en train d'amener des camarades de travail dans ces pays afin qu'ils voient par eux-mêmes ce qui s'y passait. Le *Militant* et *Perspectiva Mundial* sont devenus les sources les plus sûres d'information exacte sur ces révolutions et le parti faisait des efforts particuliers pour vendre ces journaux au travail, devant les portes d'usine et à l'entrée des mines. Les éditions Pathfinder étaient en train d'accroître la publication des écrits et discours de Fidel Castro et Ernesto Che Guevara, ainsi que des paroles des dirigeants du gouvernement ouvrier et paysan au Nicaragua et de Maurice Bishop à la Grenade (et bientôt, avec la révolution au Burkina Faso en Afrique occidentale, des discours de son remarquable dirigeant Thomas Sankara).

Le Parti socialiste des travailleurs se prolétarisait de plus en plus, aussi bien dans sa composition — dans la vie de tous les jours — que dans son programme. Les révolutions en cours en Amérique centrale et dans les Caraïbes soulignaient pour nous une fois de plus comment, avec une direction prolétarienne, ceux qui travaillent peuvent se servir d'un gouvernement des travailleurs et des agriculteurs pour avancer vers l'expropriation des exploiteurs et des oppresseurs et l'établissement de la dictature du prolétariat. En vivant jour après jour ces luttes révolutionnaires, nous devenions mieux préparés pour puiser clarté et force dans notre héritage politique communiste. Nous pouvions voir et comprendre de façon plus riche la continuité de notre programme et de notre stratégie et agir avec une plus grande confiance en nous appuyant sur elle. Ce programme et cette stratégie datent des origines du mouvement ouvrier communiste moderne en 1847-1848, lorsque Karl Marx et Friedrich Engels ont pour la première fois assumé des responsabilités de direction dans une organisation ouvrière révolutionnaire. Nous étions avides de mieux nous armer des conquêtes programmatiques et stratégiques de l'Internationale communiste, créée 60 ans plus tôt sous la direction de Lénine et du parti bolchevique victorieux.

En 1980, le SWP avait inauguré une école de direction où deux fois par an une douzaine de membres du Comité national qui dirigeaient le tournant dans l'industrie consacraient six mois, loin d'autres responsabilités dans le parti, à étudier les écrits politiques de Marx et Engels — et, en prime, l'espagnol également. Pendant l'année qui a précédé la réunion de ce jour de l'an à Chicago, chaque branche du parti avait commencé à organiser une école où tous les membres, jeunes socialistes et candidats du parti de la région participaient à l'étude systématique des oeuvres politiques de Lénine, ce qui comprenait les rapports et résolutions du Comintern élaborés, plus que par n'importe qui d'autre entre 1919 et 1922, par lui et Léon Trotsky. Dans un certain sens, cette nuit était une sorte de remise des diplômes pour tous ceux d'entre nous qui, ensemble, toutes générations du parti confondues, avions systématiquement travaillé pour réussir la première session des écoles de Lénine.

Ces écoles nous avaient aidés à comprendre les deux fondements du bolchevisme : un programme communiste mondial et une organisation de cadres prolétariens. Après la mort de Lénine au début de 1924, Léon Trotsky a dirigé le combat dans le mouvement communiste mondial pour poursuivre le cours bolchevique, contre l'assaut que ce dernier subissait de la part d'une caste bureaucratique privilégiée qui se développait en Union soviétique.

« À notre époque, qui est l'époque de l'impérialisme, c'est-à-dire de l'économie *mondiale* et de la politique *mondiale* dirigées par le capitalisme, » a écrit Trotsky dans sa critique de 1928 du cours de plus en plus nationaliste et collaborationniste de Staline, « pas un seul Parti communiste ne peut élaborer son programme en tenant essentiellement compte, à un plus ou moins haut degré, des conditions et tendances de son développement national. [...] Un programme communiste international n'est en aucun cas la somme de programmes nationaux ou un amalgame de leurs traits communs. Le programme international doit découler directement d'une analyse des conditions et tendances de l'économie mondiale et du système politique mondial pris comme un tout, avec toutes leurs relations et contradictions, c'est-à-dire l'interdépendance mutuellement antagonique de leurs composantes distinctes. À l'époque actuelle, dans une mesure beaucoup plus grande que dans le passé, l'orientation nationale du prolétariat ne doit et ne peut découler que d'une orientation mondiale, et non l'inverse *. »

« Leur Trotsky et le nôtre » est une réaffirmation de cette vérité. Et c'était une codification de ce que nous, cadres du Parti socialiste des travailleurs, étions en train d'accomplir tandis que nos vies étaient de plus en plus marquées par notre implication dans les luttes menées par les travailleurs dans les mines, les manufactures, les usines et les champs à travers les États-Unis, et par l'approfondissement de notre collaboration et de notre échange d'expériences et d'idées avec des révolutionnaires ailleurs dans les Amériques et dans le monde. En même temps, c'était un hommage aux combattants vétérans

---

* *The Third International After Lenin*, New York, Pathfinder, 1996, p. 23-24. La majeure partie du texte cité ici est absente de la traduction française publiée dans Léon Trotsky, *L'Internationale communiste après Lénine*, Presses Universitaires de France, p. 85-86.

du parti, à ceux qui avaient été gagnés au communisme lors des batailles syndicales et des mouvements sociaux ouvriers des années 30 et qui nous avaient appris à agir, et à vivre, comme des révolutionnaires prolétariens.

Quelques mois plus tard, au printemps de 1983, Mary-Alice Waters et moi nous sommes rendus en voiture avec Farrell Dobbs, le secrétaire national du parti de 1953 à 1972, à King City, une petite ville de la vallée de Salinas en Californie, pour échapper aux pressions des responsabilités quotidiennes et travailler avec lui pour apporter les dernières touches au second volume de la série de livres qu'il était en train d'écrire, *Revolutionary Continuity: Marxist Leadership in the U.S.* [La continuité révolutionnaire : la direction marxiste aux États-Unis]. Nous voulions également obtenir ses suggestions politiques pour rédiger « Leur Trotsky et le nôtre » afin de le publier dans la nouvelle revue de politique et de théorie marxistes *New International*. Ce sont les deux derniers projets politiques majeurs auxquels Farrell a pu travailler avant sa mort, en octobre de la même année.

Un soir, alors que nous nous promenions, Farrell nous a dit qu'il n'aurait absolument pas pu écrire ce second volume de *Revolutionary Continuity* de façon aussi vivante et concrète si, en même temps, il n'avait pas lu les textes de Lénine que les branches du parti partout dans le pays utilisaient pour leurs écoles. La relecture de Lénine était comme une « douche rafraîchissante, » a-t-il dit. Ce volume de *Revolutionary Continuity* raconte l'histoire de la naissance du mouvement communiste aux États-Unis pendant les premières années de la république ouvrière et paysanne soviétique et de l'Internationale communiste.

Farrell considérait les changements vécus par notre mouvement au début des années 80 de la même façon qu'il considérait les événements historiques qu'il relatait, c'est-à-dire du point de vue de la construction d'une direction de partis ouvriers communistes capable de mener les travailleurs à la victoire. Ainsi qu'il l'a écrit dans la préface de ce second volume de *Revolutionary Continuity*, sont décisifs « les efforts déployés par l'aile marxiste du mouvement ouvrier pour rassembler les cadres du parti révolutionnaire prolétarien nécessaire pour diriger le combat qui mettra fin à la domination capitaliste, établira un gouvernement des travailleurs et des agriculteurs et ouvrira la voie à un ordre socialiste. » Farrell a dédié son livre « À la direction du Parti communiste de Cuba, » « Aux hommes et aux femmes du New Jewel Movement de la Grenade et du Front sandiniste de libération nationale du Nicaragua » et « Aux combattants héroïques du Front Farabundo Martí de libération nationale » du Salvador.

Un dirigeant du parti pendant de nombreuses années, Joseph Hansen a fait une autre contribution irremplaçable à « Leur Trotsky et le nôtre. » Joe a terminé l'introduction de son livre *Dynamics of the Cuban Revolution* [Dynamique de la révolution cubaine] au moment où nous étions en train de généraliser le tournant vers l'industrie, au printemps de 1978. Il est mort en janvier 1979, quelques mois avant les victoires de la Grenade et du Nicaragua. Mais les contributions qu'il avait faites pendant plusieurs décennies, en tant que membre de la direction centrale du parti et du mouvement communiste mondial — sur la question programmatique clé au coeur de « Leur Trotsky et le nôtre » : la nature d'un gouvernement des travailleurs et des agriculteurs et son rapport à la lutte des travailleurs pour renverser les relations sociales capitalistes et mettre en place un État ouvrier — ont fourni les outils politiques dont nous avions besoin pour comprendre et répondre à ces révolutions et pour joindre nos forces aux leurs en tant que partisans communistes.

Dans les années 60, Joe avait aidé à tracer la voie à la direction du SWP en comprenant la dynamique politique des gouvernements des travailleurs et des agriculteurs venus au pouvoir au cours des révolutions qui ont suivi la deuxième guerre mondiale, surtout en Yougoslavie, en Chine, en Algérie et à Cuba. Il en avait conclu que ces régimes de transition sont « la première forme de gouvernement que l'on doit s'attendre à voir apparaître comme résultat d'une révolution anticapitaliste réussie. » Ceci avait été vrai du premier gouvernement soviétique établi sous la direction des bolcheviks, en octobre 1917 en Russie. Des régimes semblables avaient émergé après la deuxième guerre mondiale avec les révolutions en Yougoslavie et en Chine, malgré leurs directions staliniennes. (À cause du poids massif de la paysannerie dans la révolution chinoise, Joe a considéré cette dernière comme étant le plus grand défi théorique de tous et il a mis plus de temps — jusqu'en 1969 — avant d'être pleinement convaincu que sa dynamique correspondait à l'analyse des gouvernements des travailleurs et des agriculteurs.) Les gouvernements révolutionnaires populaires établis à Cuba en 1959 sous la direction de l'Armée rebelle et du Mouvement du 26 juillet et en Algérie en 1962 sous les forces dirigées par Ahmed Ben Bella au sein du Front national de libération ont confirmé cette règle.

Malgré des différences dans chaque pays dans la structure de classe et le calibre de la direction, tous ces gouvernements ont effectivement agi comme « la première forme de gouvernement [...] à apparaître comme résultat d'une révolution anticapitaliste réussie. » Ils ont été une antichambre de la dictature du prolétariat — autrement dit, ils ont servi de pont vers le renversement des relations sociales capitalistes par les travailleurs et les paysans et vers la consolidation d'un État ouvrier, un instrument pour faire avancer cet objectif. Mais l'histoire nous apprend aussi, a souligné Joe, que cette issue n'est pas déterminée par la victoire révolutionnaire initiale même, ce que le cas de l'Algérie a démontré. Elle est loin, très loin d'être automatique. La tâche centrale d'une direction communiste dans un tel gouvernement, c'est de mobiliser et d'élever la conscience politique d'une alliance combattante de plus en plus importante des travailleurs et des agriculteurs en répondant à leurs initiatives et en les dirigeant, à mesure qu'ils s'en prennent aux privilèges et aux prérogatives de la propriété aux mains des propriétaires terriens et des capitalistes.

En arrivant à ces conclusions, qui ont été incorporées dans des rapports et résolutions du Parti socialiste des travailleurs, Joe ne cessait de chercher à renouer avec les leçons tirées par l'Internationale communiste à l'époque de Lénine sur la lutte pour le pouvoir et sur *l'exercice* du pouvoir. Ni Joe ni Farrell n'étaient assez âgés pour être politiquement actifs dans les premières années de la révolution russe. Mais chacun d'eux avait été un jeune membre du parti au milieu des années 30 lorsque notre mouvement avait conclu, à l'initiative de Trotsky, que l'absence d'opposition à la prise du pouvoir par Hitler avait démontré qu'il n'était plus possible de réformer le Comintern dirigé par Staline et qu'il avait au contraire tourné nos efforts vers la construction d'une nouvelle Internationale révolutionnaire. Le Parti communiste allemand avait laissé la classe ouvrière subir une défaite sans lutter, en refusant de faire campagne pour établir avec le Parti social-démocrate et les syndicats un front unique prêt à affronter au combat les bandes de tueurs des national-socialistes. Pire, le Comintern et ses partis étaient déjà si corrompus politiquement qu'il n'y a pas eu de rébellion dans leurs rangs contre le cours désastreux qui a mené à la plus grande défaite du vingtième siècle.

Joe et Farrell avaient tous les deux appris de Trotsky à comprendre que le nouveau mouvement mondial qui devait être construit n'avait pas besoin d'un nouveau programme ni d'une nouvelle stratégie. Rassemblez, a dit Trotsky en 1933 à son secrétariat d'exil, les rapports et les résolutions élaborés dans la lutte et sous la direction politique de Lénine par la direction bolchevique du Comintern. *Voilà* notre programme.

James P. Cannon — un dirigeant fondateur du SWP qui avait été un pionnier du communisme américain et un délégué aux congrès de l'Internationale communiste — a commencé son livre *L'histoire du trotskysme américain, 1928-1938 — le rapport d'un participant* en faisant précisément ce point : « Nous n'avons aucune nouvelle révélation à faire : le trotskysme n'est pas un nouveau mouvement, une nouvelle doctrine, mais la restauration, la renaissance du marxisme véritable tel qu'il a été exposé et appliqué au cours de la révolution russe et des premiers jours de l'Internationale communiste. »

Notre mouvement ne se définit plus comme trotskyste depuis bien des années. Les raisons en sont expliquées dans ce livre. Mais jusqu'à ce jour, nous n'avons toujours pas de « nouvelle révélation. » En fait, aujourd'hui moins que jamais. Depuis les années 70, à mesure que nous avons approfondi notre prolétarisation, concrétisé notre compréhension des gouvernements des travailleurs et des agriculteurs et exprimé notre solidarité avec le cours internationaliste prolétarien de la direction de la révolution cubaine, nous sommes nous aussi retournés au bilan et aux acquis politiques du bolchevisme et de l'Internationale communiste du temps de Lénine. « Leur Trotsky et le nôtre » est un produit de ce cours politique.

À l'époque où cette présentation a été faite et publiée pour la première fois, elle a été traitée comme une sensation, un quasi-scandale, par les dirigeants de la plupart des organisations dans le monde qui s'appelaient trotskystes. Un certain nombre d'entre elles ont envoyé des émissaires à la réunion avec des magnétophones cachés. Parmi elles, il y avait la direction majoritaire de la Quatrième Internationale, avec laquelle le Parti socialiste des travailleurs était alors fraternellement associé. Mais en fait, ce fut une tempête dans un verre d'eau. Aucun de ceux qui ont exprimé la plus grande indignation n'était réellement intéressé par les questions politiques et stratégiques abordées dans ces pages. Depuis longtemps déjà, ils avaient tourné le dos à la lutte pour un parti prolétarien. Ils ont rejeté la perspective de la lutte pour des gouvernements des travailleurs et des agriculteurs. Aucun n'a jamais tenté de répondre aux arguments soulevés ici. Pendant les années qui ont suivi, les positions programmatiques et les méthodes organisationnelles de la plupart des groupes de la Quatrième Internationale ont été de moins en moins liées aux assises marxistes et bolcheviques sur lesquelles notre mouvement mondial avait été constitué un demi-siècle plus tôt — et sur lesquelles le SWP et ses ligues communistes soeurs dans un certain nombre de pays s'appuyaient. Bien avant la fin des années 80, nous avions chacun suivi notre chemin — eux, plus profondément dans le marais centriste de la politique radicale petite-bourgeoise ; et nous, vers la construction de partis prolétariens et l'avancement des perspectives d'une nouvelle Internationale communiste.

À mesure que le tournant vers l'industrie étendait la vie et le travail quotidiens des membres du SWP vers des couches plus larges et géographiquement plus diverses de travailleurs à travers les États-Unis, nous avons aussi jeté un regard nouveau sur le caractère central de l'alliance des travailleurs et des agriculteurs par rapport aux perspectives révolutionnaires dans ce pays. En 1967, le parti avait laissé tomber le mot « agriculteurs » du mot d'ordre « pour un gouvernement des travailleurs et des agriculteurs. » Mais la participation croissante des cadres du parti dans les années 70 et au début des années 80 aux luttes des travailleurs de la ville et de la campagne — nos expériences, en tant que syndicalistes, avec des agriculteurs — nous ont convaincus qu'il s'agissait là d'une erreur. Nous avons reconnu que les agriculteurs auraient un poids politique substantiel dans la construction de tout mouvement révolutionnaire de masse aux États-Unis et que l'alliance politique de classe enregistrée dans le mot d'ordre du gouvernement des travailleurs et des agriculteurs concrétisait un cours politique nécessaire pour toute révolution prolétarienne victorieuse ici. Lors de notre congrès de 1984, le SWP a voté d'amender ainsi l'article II des statuts du parti : « Le parti a pour but d'éduquer et d'organiser la classe ouvrière, afin d'établir un gouvernement des travailleurs et des agriculteurs qui abolira le capitalisme aux États-Unis et se joindra à la lutte mondiale pour le socialisme. »

*

Tandis qu'est produite cette édition du vingtième anniversaire, en même temps que de nouvelles traductions en espagnol et en français, « Leur Trotsky et le nôtre » est un des textes étudiés et discutés dans les écoles socialistes d'été organisées dans plusieurs villes aux États-Unis et dans le monde. De jeunes socialistes et d'autres y participent aux côtés de communistes ayant une grande expérience du tournant dans l'industrie et de cadres du parti de plusieurs générations. Comme l'explique son programme, l'objectif de l'école « n'est pas simplement de lire ou de relire un livre ou un article, mais plutôt d'approcher ces oeuvres avec les lunettes des expériences que le parti et les JS vivent aujourd'hui aux États-Unis et dans le monde, et des opportunités en train de se présenter et dont nous pouvons profiter. »

En fait, ce sont ces expériences et opportunités qui ont semblé nous pousser vers cette nouvelle édition de « Leur Trotsky et le nôtre. »

Lorsqu'une puissance impérialiste part en guerre, toutes les organisations qui prétendent parler au nom des intérêts de la classe ouvrière sont mises à l'épreuve. Celles qui n'ont ni programme communiste ni composition prolétarienne sont secouées dans tous les sens par les pressions patriotiques de l'opinion publique bourgeoise — elles leur succombent politiquement ou même commencent à voler en éclats sous les coups.

Au début de 1991, le gouvernement U.S. a mené une guerre brutale contre le peuple de l'Irak, au cours de laquelle jusqu'à 200 000 civils et soldats irakiens ont été tués en 6 semaines de bombardements et d'attaques aux missiles quotidiens et lors d'une invasion de 100 heures. L'issue de cette guerre meurtrière a été politiquement démoralisante pour les travailleurs et les agriculteurs à travers le monde, et encore plus pour ceux de l'Irak même, puisque le régime irakien, suite à son invasion indéfendable du Koweït, n'a organisé pratiquement aucune résistance contre l'assaut final de Washington. Les dirigeants U.S. n'ont pas réussi à imposer un protectorat impérialiste en Irak afin de compenser la perte du régime du shah en Iran 12 ans auparavant — leur objectif dans la guerre. Mais en même temps, ils ont payé peu cher leur carnage sans résistance.

À cause des racines que le Parti socialiste des travailleurs et les autres Ligues communistes avaient plongées depuis plus d'une décennie grâce au tournant dans la classe ouvrière industrielle et les syndicats industriels, les cadres de nos organisations ont passé avec succès l'épreuve de la guerre du Golfe et ont pénétré avec confiance plus profondément dans notre classe, en plein conflit, afin d'y mener une campagne prolétarienne contre l'impérialisme et sa guerre.

Depuis la fin des années 90, il y a eu aux États-Unis une montée de la résistance parmi les travailleurs et les agriculteurs d'avant-garde. À l'exception toujours du Japon, les autres pays impérialistes ont connu un changement semblable. Il nous a fallu quelque temps pour reconnaître les petits débuts de ces changements, nous y adapter et commencer à agir en fonction de ces nouvelles opportunités. La nécessité pressante de le faire a été la question centrale discutée lors d'une conférence conjointe du parti et des Jeunes socialistes tenue à Los Angeles en décembre 1998. Dans le discours de clôture de cette rencontre que j'ai fait au nom de la direction du SWP, j'ai indiqué l'importance politique pour la construction de notre mouvement de ces ouvertures, qui n'ont au début pas de lien entre elles, parmi les travailleurs d'avant-garde dans diverses régions et industries. Ce discours a été publié quelques mois plus tard sous le titre « Des changements de mer dans la politique ouvrière, » comme premier chapitre du livre *Le désordre mondial du capitalisme*.

Il était devenu clair, avons-nous souligné, « que peu importe l'héritage — dans une industrie, dans un syndicat, dans une région ou parmi un groupe de travailleurs — peu importe le caractère limité des résultats obtenus lors de luttes précédentes, ce qui se passe aujourd'hui dans une lutte a de moins en moins de lien avec les défaites du passé. Il devient de plus en plus précieux d'utiliser sa vision périphérique pour trouver les combattants dans la classe ouvrière et parmi ses alliés. Ils sont souvent là. C'est comme devenir un bon meneur au basket-ball. Développez votre vision périphérique. Les coéquipiers sont là ! »

Dans sa préface de 1999 à la traduction en espagnol du *Visage changeant de la politique aux États-Unis*, livre qui décrit le tournant du parti vers la classe ouvrière industrielle et les syndicats de 1978 jusqu'au début des années 90, Mary-Alice Waters a développé davantage ce point. Avec « Des changements de mer dans la politique ouvrière, » cette préface a été discutée dans les branches du parti et a ensuite été adoptée comme guide pour l'action par le congrès d'avril 1999 du SWP. Cette préface est maintenant incluse dans la nouvelle édition 2002 de la version anglaise du *Visage changeant de la politique aux États-Unis* et paraît dans une nouvelle édition 2002 de la traduction française.

Les courants et les individus d'avant-garde, dit Mary-Alice Waters, que l'on ne cesse de rencontrer parmi des couches de travailleurs et d'agriculteurs

> se rencontrent les uns les autres dans cette résistance, avides de solidarité et d'unité dans la lutte, avides de

marcher côte à côte, alors qu'ensemble, nous nous renforçons les uns les autres et apprenons de nos luttes respectives contre les effets de l'esclavage salarié et de l'esclavage de la dette. Dans les actions où nous sommes impliqués, nous apprenons à nous connaître les uns les autres et à avoir confiance les uns dans les autres. Nous trouvons des façons de communiquer même si nous ne connaissons pas encore bien nos langues respectives. Nous lisons et discutons des explications et des alternatives à l'avenir dévastateur que le système capitaliste prépare pour nous tous et que les travailleurs anticipent de plus en plus.

En suivant ces lignes de résistance parmi les travailleurs des villes et des campagnes, nous avons aussi fait la preuve du courage de nos convictions en ajustant les formes organisationnelles du parti dans le but de répondre aux besoins politiques. Nous avons établi de nouvelles et plus petites unités du parti dans des régions du pays où nous avons commencé à faire partie de couches d'avant-garde de mineurs de charbon, de travailleurs du textile et de l'habillement, de travailleurs des abattoirs et d'autres travailleurs engagés dans des luttes. Nous avons déplacé nos librairies de manière à pouvoir organiser notre travail politique à partir de quartiers ouvriers à travers les villes du pays. Là où nous avions des branches depuis de nombreuses années, nous avons pris pour modèle ces unités plus réduites. Toutes ces mesures nous font pénétrer plus profondément dans les escarmouches syndicales et les premiers frémissements des mouvements sociaux de notre classe et de ses alliés — les signes avant-coureurs de la résistance ouvrière qui croîtra en réponse aux assauts capitalistes de plus en plus violents.

En même temps, les jeunes socialistes ont rencontré aux États-Unis et dans d'autres pays impérialistes des jeunes qui sont attirés par ces luttes prolétariennes, de même que des jeunes engagés dans des luttes contre l'oppression et l'exploitation impérialistes — en Haïti, dans les îles de Kanaky (Nouvelle-Calédonie) dans le Pacifique Sud, dans les pays du Moyen-Orient et de l'Afrique, au Venezuela et ailleurs dans les Amériques. Les ouvertures pour gagner au communisme des couches de ces jeunes révolutionnaires ont augmenté avec la désintégration au début des années 90 du mouvement stalinien mondial. Pendant plus de six décennies et d'un continent à l'autre, ce dernier avait organisé sous la bannière détournée du marxisme la défaite de révolutions, l'assassinat de dirigeants prolétariens, et la démoralisation et la dépolitisation de militants profondément immergés dans les luttes de libération nationale et pour le socialisme.

Ce sont ces raisons, par-dessus tout, qui expliquent pourquoi il y a un besoin et une demande pour une nouvelle édition de « Leur Trotsky et le nôtre, » qui paraîtra aussi presque simultanément en espagnol et en français. Ce sont les raisons pour lesquelles ce texte est étudié dans les écoles socialistes d'été à travers le pays, en même temps que *Le visage changeant de la politique aux États-Unis* et *L'histoire du trotskysme américain, 1928-1938 — le rapport d'un participant* de James P. Cannon. Ce dernier livre est produit dans une nouvelle édition en même temps que celui-ci, et pour la première fois en espagnol et en français.

*

Le texte et les notes de « Leur Trotsky et le nôtre » ont été harmonisés avec les traductions et éditions ultérieures améliorées de quelques-uns des documents cités. Comme il devient de plus en plus la norme pour de nombreux titres des éditions Pathfinder d'être publiés simultanément en anglais, en espagnol et en français — afin d'être utilisés par des travailleurs qui font leur travail politique dans ces langues — l'effort collectif pour réaliser ces traductions aide aussi à clarifier et à rendre politiquement plus nets des éléments de l'original. Une nouvelle rédaction du texte a intégré les fruits de ce travail et éliminé des obstacles inutiles pour lire et comprendre « Leur Trotsky et le nôtre » aujourd'hui.

De la traduction au formatage, de la correction d'épreuves à l'impression finale du texte et des couvertures, la publication de livres comme celui-ci ne serait pas possible sans les efforts de centaines de volontaires autour du monde qui sont des membres ou des partisans organisés du mouvement communiste. Sans la prolétarisation du parti au cours du dernier quart de siècle, nous n'aurions pas pu maintenir et développer un programme de publication communiste et une imprimerie qui nous permettent de mettre les leçons inestimables de 150 ans de lutte de la classe ouvrière entre les mains des combattants d'avant-garde qui reconnaissent le besoin d'avoir des perspectives politiques plus larges, non seulement pour lutter avec succès mais aussi pour gagner.

Nous n'aurions pas pu non plus construire une organisation auxiliaire de partisans du mouvement communiste à travers le monde, qui a pris en main la préparation numérique, la correction d'épreuves, le travail graphique et d'autres tâches qu'il faut accomplir afin de garder les livres et les brochures révolutionnaires en circulation et afin d'en produire de nouveaux comme celui-ci lorsqu'il est nécessaire de répondre aux besoins et aux opportunités politiques qui pressent.

❋

Beaucoup de choses se sont produites dans la politique mondiale depuis que « Leur Trotsky et le nôtre » a été publié pour la première fois. Les événements des deux dernières décennies — des événements qui ont fait voler les moules en éclat — ont accru aussi bien l'à-propos que l'urgence politique des points fondamentaux discutés dans ces pages.

Ni le gouvernement des travailleurs et des agriculteurs de la Grenade, ni celui du Nicaragua n'ont conduit à l'expropriation des capitalistes et des propriétaires fonciers et à l'établissement d'un État ouvrier. En octobre 1983, le gouvernement des travailleurs et des agriculteurs de la Grenade a été renversé par un coup d'État organisé par une faction stalinienne au sein du parti au pouvoir, le New Jewel Movement. Le dirigeant central de la révolution, Maurice Bishop, a été assassiné, ainsi que des dizaines d'autres dirigeants révolutionnaires et de citoyens de l'île. En 1988, la direction du Front sandiniste de libération nationale du Nicaragua s'était unie autour d'un cours qui a radicalement inversé la trajectoire prolétarienne des premières années de la révolution. Avec la défaite au Nicaragua, les progrès révolutionnaires au Salvador voisin se sont érodés davantage et ont rapidement été renversés.

Notre mouvement a produit, et fait activement campagne pour les diffuser, des documents décrivant les réalisations de ces luttes révolutionnaires et offrant une explication marxiste des leçons à tirer de leurs défaites. On peut les trouver dans les livres des éditions Pathfinder *Maurice Bishop Speaks* [Maurice Bishop parle] et *Sandinistas Speak* [Les sandinistes parlent], ainsi que dans les numéros suivants des revues *New International* et *Nouvelle Internationale* : « Le deuxième assassinat de Maurice Bishop » de Steve Clark ; « The Rise and Fall of the Nicaraguan Revolution » [La montée et la chute de la révolution nicaraguayenne], un recueil de rapports et de résolutions adoptés par le Parti socialiste des travailleurs ; et « L'impérialisme U.S. a perdu la guerre froide » de Jack Barnes.

Malgré ces revers subis en Amérique centrale et dans les Caraïbes, et malgré les énormes pressions politiques et économiques qui ont pesé sur la révolution cubaine au cours des 12 dernières années, des millions de travailleurs et leur direction continuent d'agir à Cuba en internationalistes prolétariens. Leur courage, leur conscience politique, leur solidarité de classe et leur détermination implacables continuent d'être un exemple révolutionnaire pour les travailleurs et les agriculteurs à travers le monde, y compris ici aux États-Unis. « Ce sont des communistes. C'est aussi ce que nous sommes. » Cette affirmation simple reste aussi vraie aujourd'hui que lorsqu'elle a été faite aux jeunes socialistes et aux autres participants de la réunion de Chicago il y a 20 ans.

Au moment où ce livre est mis sous presse au début de l'été 2002, l'administration du président George W. Bush a annoncé avec un large appui bipartite des plans visant à prendre des « actions préventives » contre ceux, dans le pays et à l'étranger, que les dirigeants U.S. caractérisent de « terroristes » ou accusent d'être liés à un « axe du mal » mondial. Après avoir détenu sans accusation des milliers de non-citoyens dans des prisons U.S., certains pendant près d'un an, Washington a maintenant commencé à jeter aussi des citoyens U.S. dans des prisons militaires. Il leur nie leurs droits constitutionnels les plus fondamentaux de connaître les accusations portées contre eux, d'avoir recours à un avocat et d'être considérés innocents jusqu'à preuve du contraire. Washington est en train de préparer le terrain politique et militaire pour une « action préventive » contre l'Irak et contre d'autres gouvernements et peuples que les dirigeants U.S. considèrent assez forts pour développer des moyens de défense sérieux contre les attaques que Washington s'apprête à livrer.

L'histoire a démontré que les petites organisations révolutionnaires ne seront pas seulement confrontées au dur test de la guerre et de la répression, mais aussi à des opportunités potentiellement destructrices qui peuvent se présenter de manière inattendue — et explosive — quand font éruption les grèves et les luttes sociales. Quand ceci se produit, les partis communistes ne font pas que recruter de nouveaux membres. Ils fusionnent politiquement aussi avec d'autres organisations ouvrières évoluant dans la même direction et deviennent des partis prolétariens de masse qui luttent pour diriger les travailleurs et les agriculteurs au pouvoir. Ceci suppose que longtemps à l'avance, leurs cadres ont intégré une stratégie et un programme communistes internationaux avec lesquels ils sont à l'aise, que leur vie et leur travail sont prolétariens, qu'ils éprouvent une grande satisfaction — qu'ils ont du plaisir — à faire de la politique, et qu'ils ont forgé une direction dotée d'un sens aiguë de ce qu'il faut faire. Ces cadres doivent déjà fonctionner à l'intérieur d'un parti prolétarien discipliné ne faisant qu'un avec les travailleurs visés par les employeurs et leur État. Autrement, ces organisations seront désorientées et se briseront aussi bien en face de crises déchirantes que d'énormes opportunités.

Farrell Dobbs, Joe Hansen, Jim Cannon et d'autres dirigeants du Parti socialiste des travailleurs croyaient fermement que nous ne réussirons jamais à construire un parti prolétarien de combat aux États-Unis si nous commençons par chercher autour de nous autre chose que les rangs de nos propres organisations pour élaborer des tactiques concrètes et une ligne politique sur la lutte de classe. Ou, à l'inverse, si nous commençons à essayer de dicter un programme et des tactiques aux travailleurs et aux jeunes ayant un esprit révolutionnaire dans d'autres pays. Joe a expliqué ce cours de conduite dans *James P. Cannon : The Internationalist* [James P. Cannon, l'internationaliste], une présentation qu'il a faite en 1975. Il s'agit d'un complément inestimable à « Leur Trotsky et le nôtre. »

Au coeur de « Leur Trotsky et le nôtre, » il y a l'internationalisme prolétarien compris et appliqué de cette manière — en intégrant les cadres du mouvement communiste à la résistance croissante des travailleurs et des agriculteurs d'avant-garde aux États-Unis et dans le reste du monde. Ce texte porte sur la construction de partis prolétariens et d'un nouveau mouvement communiste mondial où les contributions politiques de Marx, Engels, Lénine, Trotsky et des dirigeants révolutionnaires plus contemporains peuvent toutes être reprises et mises en application par des militants provenant d'origines politiques diverses et qui se jugent les uns les autres non pas sur la base de préconceptions ou de préjugés, mais sur celle de leurs actions.

« Leur Trotsky et le nôtre » porte avant tout sur le besoin de nous préparer chaque jour, avec d'autres militants, pour les batailles de classe titanesques qui se préparent et sur celui de continuer à nous transformer et de continuer à transformer nos organisations en le faisant.

JUIN 2002

Le test des révolutions vivantes

Depuis que la première boucherie impérialiste mondiale a conduit à la victoire des travailleurs et des paysans russes sous la direction des bolcheviks en octobre 1917, l'extension, la défense et la consolidation de la révolution socialiste contre le système impérialiste d'exploitation, d'oppression nationale et de guerres d'agression ont été au centre de toutes les questions politiques.

L'Amérique centrale et les Caraïbes sont aujourd'hui sur la ligne de front de cette bataille incessante entre les exploiteurs et les exploités. C'est là que la guerre fait rage : une guerre contre-révolutionnaire contre le gouvernement ouvrier et paysan dirigé par les sandinistes au Nicaragua ; une guerre civile au Salvador entre l'oligarchie landlordiste et capitaliste d'un côté et les forces des masses travailleuses des villes et des campagnes dirigées par le Front Farabundo Martí de libération nationale de l'autre ; de constantes pressions militaires, menaces et opérations de la CIA contre le gouvernement des travailleurs et des agriculteurs et le New Jewel Movement à la Grenade, et contre Cuba révolutionnaire et sa direction communiste. Cette guerre est en train de se régionaliser et la lutte des classes de s'intensifier partout en Amérique centrale.

L'impérialisme appuie toutes les forces de la tyrannie et de la contre-révolution dans la région. Il leur fournit énormément de matériel et de conseillers militaires. Washington utilise directement des forces militaires de plus en plus nombreuses, alors qu'aucune nouvelle escalade ne parvient à écraser les travailleurs et les paysans du Nicaragua et du Salvador, à renverser le cours révolutionnaire de la Grenade ou à dissuader Cuba de se solidariser sans réserve avec ces luttes.

Ces guerres entre l'impérialisme et les forces qu'il soutient d'un côté et les masses exploitées et opprimées de l'autre, ce sont des guerres dont l'enjeu est l'extension de la révolution socialiste américaine initiée par le triomphe à Cuba il y a 24 ans. C'est non seulement le sort du Salvador, du Nicaragua et de la Grenade qui est en jeu, mais aussi celui de Cuba. Il s'agit d'un tout.

C'est aussi en Amérique centrale et dans les Caraïbes que se déroulent aujourd'hui les plus importants débats sur la stratégie prolétarienne révolutionnaire. Ces débats sont importants non seulement pour les travailleurs dotés d'un esprit révolutionnaire des autres pays des Antilles et de l'Amérique latine, mais aussi pour ceux qui en Amérique du Nord et à travers le monde construisent des partis communistes. Ce qui se passe depuis 1959 à Cuba et depuis 1979 à la Grenade et au Nicaragua ne s'était pas produit depuis la période de 1917 à 1923 en Russie : des révolutions victorieuses dirigées par des forces consciemment déterminées à organiser et à mobiliser les travailleurs et les agriculteurs pauvres pour renverser les rapports de propriété capitalistes, réorganiser la société sur des bases socialistes et aider ceux qui par le monde cherchent à se débarrasser de la domination et de l'exploitation impérialistes.

Le Parti communiste de Cuba, le Front sandiniste de libération nationale, le New Jewel Movement et le Front Farabundo Martí de libération nationale sont en train de rétablir des liens politiques avec le programme et la stratégie adoptés dans les premières années de l'Internationale communiste sous une direction communiste russe chapeautée par Vladimir Lénine et comprenant Nicolaï Boukharine, Karl Radek, Léon Trotsky et Grigori Zinoviev.

Ce qui s'est produit dans cet hémisphère au cours des 25 dernières années, ce n'est pas seulement le début de la révolution socialiste américaine, ce qui serait déjà important, mais la réémergence de révolutionnaires prolétariens au pouvoir — pour la première fois depuis que la bureaucratie dirigée par les staliniens a mis fin à cette direction en Union soviétique et supprimé l'internationalisme prolétarien de l'Internationale communiste voilà plus d'un demi-siècle.

Les dirigeants du Parti communiste de Cuba ont pris l'initiative politique dans ce processus en collaborant avec les révolutionnaires de toutes les Amériques. En plus de leur soutien politique et matériel aux combattants révolutionnaires, les dirigeants cubains utilisent de nombreux autres moyens — ils écrivent des articles, organisent des conférences et prononcent des discours — pour faire avancer leur effort visant à généraliser les leçons des luttes révolutionnaires.

Grâce à son héritage politique et aux organisations auxquelles nous sommes liés à l'échelle internationale, le Parti socialiste des travailleurs peut faire une contribution irremplaçable à la convergence politique de ces forces prolétariennes qui cherchent à faire avancer la lutte révolutionnaire contre l'impérialisme et pour la révolution socialiste. Nous ne faisons pas cette contribution en tant que courant qui détient le pouvoir d'État ou qui influence une aile significative du mouvement ouvrier ou d'une lutte de libération nationale dans un quelconque pays aujourd'hui. Nous sommes des communistes qui — en plus des concepts de Marx, Engels et Lénine que nous partageons avec d'autres révolutionnaires — apportons une riche appréciation des efforts déployés par les membres de la direction communiste russe regroupée autour de Lénine pour maintenir et appliquer un programme internationaliste et une stratégie révolutionnaire prolétarienne contre les efforts déployés par la caste bureaucratique qui se développait sous la direction de Joseph Staline pour les vider de leur contenu. À la fin des années 20, seul Trotsky parmi les principaux dirigeants bolcheviques a été capable de continuer cette bataille. Notre mouvement est un noyau politique organisé de travailleurs qui tire ses racines de cette lutte. Voilà *notre* Trotsky.

Mais pour faire cette contribution, il nous faut clarifier la relation qui existe entre notre programme et ce qui est connu dans notre mouvement comme la théorie ou la stratégie de la révolution permanente de Trotsky.

Depuis 1928, nous avons en fait utilisé le terme de révolution permanente de *trois* manières.

Au sens large, nous nous sommes servis du terme révolution permanente comme d'un synonyme de marxisme révolutionnaire à notre époque. Pour nous, il signifiait la continuité des principes et de la stratégie communistes authentiques et notre opposition au cours politique de la caste bureaucratique privilégiée qui a consolidé son pouvoir et ses privilèges contre la classe ouvrière et la paysannerie pauvre soviétiques. C'était l'alternative révolutionnaire à la « deuxième vague de menchevisme, » à l'abandon de l'internationalisme prolétarien par cette caste et ses partisans dans les partis staliniens autour du monde. Ce terme exprimait la valeur et la pertinence des leçons des révolutions de 1905 et 1917 en Russie, de même que notre opposition à la subordination politique du mouvement des travailleurs en lutte à la bourgeoisie libérale, à la politique de front populaire et à la collaboration de classe.

En ce sens, il n'y a rien qui distingue la révolution permanente des leçons générales tirées par Marx, Engels et Lénine et sur lesquelles tous les communistes se sont basés, y compris Trotsky. Rien ne la distingue de l'utilisation que Marx a faite de ce terme en 1850, ni de l'usage du terme de « révolution ininterrompue » fait par Lénine avant la révolution russe de 1917. L'utilisation de révolution permanente dans ce sens ne sert que de « marque de commerce » pour nous différencier des autres révolutionnaires qui partagent ces idées, mais pas notre terminologie.

Si c'était là le seul sens qui lui était attribué, il y a longtemps que nous l'aurions laissé tomber comme superflu et susceptible de mésinterprétation. Mais des questions plus importantes sont en jeu. Par conséquent, je mettrai de côté dans le reste de cet article ce premier sens de la révolution permanente.

La deuxième manière que notre mouvement a utilisé le terme révolution permanente fait référence à la position défendue par Trotsky et *opposée* à celle du courant bolchevique avant 1917 sur la dynamique de classe et la stratégie de la révolution russe. Nous avons traditionnellement pensé que Trotsky avait eu raison contre Lénine sur ces questions. À cet égard, nous avons adopté le propre point de vue de Trotsky dans la période qui a suivi 1928.

Utilisée dans ce second sens, la révolution permanente est erronée. Les idées de Trotsky d'avant 1917 étaient révolutionnaires si on les oppose à celles des mencheviks qui faisaient confiance à la bourgeoisie libérale en Russie. Mais dans la mesure où la stratégie de Trotsky se distinguait de celle de Lénine, elle sous-estimait l'importance de l'alliance des travailleurs avec la paysannerie dans son ensemble — ses couches pauvres, moyennes et riches — dans la lutte contre le tsarisme et le landlordisme en Russie. Elle présentait une conception moins précise de la manière dont se développerait la lutte de classe, y compris de la manière dont se dérouleraient les conflits parmi les différentes couches de la paysannerie quand la classe ouvrière prendrait la direction des travailleurs agricoles et des paysans pauvres pour approfondir le cours socialiste de la révolution. Trotsky avait ainsi une compréhension moins précise du rapport existant entre les révolutions démocratique et socialiste en Russie, ainsi que des forces de classe et des tâches du prolétariat dans la transition conduisant des tâches démocratiques aux tâches socialistes.

Bien qu'il n'y ait pas de corrélation directe entre une stratégie globale et des positions politiques concrètes, une erreur stratégique qui n'est pas corrigée pendant une longue période de temps engendrera des positions politiques fausses. Pendant une quinzaine d'années d'activité avant 1917, Trotsky a fait d'importantes erreurs politiques sur le programme agraire du prolétariat révolutionnaire, sur l'approche de ce dernier à la lutte contre l'oppression nationale et sur sa politique dans la lutte contre la guerre impérialiste. De façon erronée, Trotsky considérait la fermeté politique et la discipline organisationnelle des bolcheviks comme des manifestations de sectarisme, de factionnalisme et d'inflexibilité, alors que lui-même avait une attitude conciliatrice envers les mencheviks et qu'il s'est politiquement adapté à eux à des moments importants de la lutte des classes.

Notre mouvement a donné un troisième sens au terme révolution permanente. De 1928 à 1940, quand Trotsky vivait encore, et depuis lors, nous avons utilisé ce terme pour décrire les positions de notre mouvement — surtout à propos de la lutte de classe dans les nations opprimées — qui s'appuient de façon particulière (et les incorporent) sur les positions stratégiques défendues par Trotsky avant 1917 et qu'il opposait à celles des bolcheviks.

Cette utilisation du terme révolution permanente nous pose le plus gros problème *politique,* parce qu'elle a engendré dans notre mouvement des faiblesses associées à la théorie erronée de Trotsky d'avant 1917. Avant tout, elle a conduit à une tendance à nous concentrer exclusivement sur l'alliance du prolétariat avec les travailleurs agricoles et les paysans pauvres contre les exploiteurs ruraux, sans aucun doute une tâche centrale à la campagne, en refusant de reconnaître le caractère central de l'alliance du prolétariat avec les couches les plus larges possibles de producteurs ruraux dans la lutte contre l'impérialisme et contre les régimes landlordistes et capitalistes dans le monde colonial. Dans la mesure où ceux qui sont identifiés comme trotskystes agissent conformément à ces faiblesses de la théorie de la révolution permanente de Trotsky, la lutte de classe internationale depuis la deuxième guerre mondiale, y compris dans notre hémisphère depuis 1959, devrait nous convaincre que celles-ci ouvrent la porte à des tendances gauchistes et à des erreurs politiques sectaires.

La révolution permanente ne contribue pas aujourd'hui à nous armer, ni nous ni les autres révolutionnaires, pour diriger la classe ouvrière et ses alliés à prendre le pouvoir et à l'utiliser pour faire avancer la révolution socialiste mondiale. En tant que cadre de référence spécial ou particulier, elle est un obstacle pour renouer notre continuité politique avec Marx, Engels, Lénine et les quatre premiers congrès de l'Internationale communiste. Elle a été un obstacle dans notre mouvement pour faire une lecture objective des maîtres du marxisme, en particulier des écrits de Lénine.

Si nous voulons apprendre ce que nous pouvons de notre participation à la convergence politique en cours parmi les révolutionnaires prolétariens du monde et apporter dans ce processus les énormes contributions politiques de Trotsky, notre mouvement doit abandonner la révolution permanente. Sinon, nous finirons pas sacrifier le coeur de la contribution politique de Trotsky : le combat qu'il a mené pendant son dernier exil pour construire un mouvement ouvrier révolutionnaire déterminé à poursuivre et à développer le communisme authentique contre ses distorsions sociales-démocrates, staliniennes et centristes. De plus, nous finirons par entraver nos propres progrès vers une intégration plus profonde dans les organisations et les luttes de la classe ouvrière et de ses alliés opprimés et exploités.

Nous devons nous voir et voir notre contribution de la manière expliquée il y a 40 ans par James P. Cannon, un dirigeant fondateur de notre mouvement aux États-Unis. À la première page de son livre *L'histoire du trotskysme américain, 1928-1938*, Cannon souligne : « Nous n'avons aucune nouvelle révélation à faire : le trotskysme n'est pas un nouveau mouvement, une nouvelle doctrine, mais la restauration, la renaissance du marxisme véritable tel qu'il a été exposé et appliqué au cours de la révolution russe et des premiers jours de l'Internationale communiste [1]. »

Si nous suivons ce conseil de Cannon, nous pourrons alors progresser dans la reconquête de notre continuité politique avec le bolchevisme et avec l'Internationale communiste à l'époque de Lénine et de son équipe. Voilà les bases sur lesquelles nous devons construire.

En accomplissant cette tâche, nous apprendrons des autres révolutionnaires qui s'efforcent de mettre en œuvre des principes communistes d'internationalisme prolétarien. Quelles sont ces leçons politiques ? Le meilleur point de départ, c'est la plateforme programmatique adoptée par le premier congrès du Parti communiste de Cuba en 1975 [2]. Voici ce qu'elle dit :

> Tout en présentant toute une série de traits spécifiques qui découlent des particularités et des conditions nationales concrètes et de la situation internationale dans laquelle elle se déroule, la révolution cubaine a eu lieu selon les lois fondamentales du développement historique découvertes par le marxisme-léninisme et a confirmé les principales thèses léninistes sur la révolution et sur la possibilité de son cours ininterrompu jusqu'au point de se transformer en révolution socialiste.
>
> Il n'existe pas de barrière insurmontable entre l'étape démocratico-populaire et anti-impérialiste et l'étape socialiste. À l'époque de l'impérialisme, les deux font

partie d'un processus unique où les mesures de libération nationale et de nature démocratique — qui ont déjà parfois une coloration socialiste — ouvrent la voie aux mesures véritablement socialistes. L'élément décisif de ce processus et qui le définit se ramène à la question : qui dirige ? Dans les mains de quelle classe se trouve le pouvoir politique ?

La stratégie de la classe ouvrière consiste à conquérir, par le biais de son parti d'avant-garde, la direction des paysans et de ses autres alliés opprimés et exploités. L'étape initiale de la révolution cubaine, dit la plateforme, « a pris la forme d'une dictature révolutionnaire démocratique des masses populaires : des travailleurs, des paysans, de la petite bourgeoisie urbaine et des autres couches de la population ayant des intérêts opposés à la domination de l'impérialisme et de l'oligarchie bourgeoise-latifundiste. »

Depuis la fin de 1960, « dans la seconde étape de construction socialiste, elle prend la forme de la dictature du prolétariat allié aux travailleurs de la campagne et à toutes les autres couches de notre société dont les intérêts s'opposent au régime capitaliste. »

La plateforme décrit alors avec quelques détails comment les choses se sont déroulées de 1959 à 1961 à Cuba. Le facteur clé pour la consolidation de la victoire révolutionnaire, explique-t-elle, c'est que « [l]e pouvoir réel était aux mains de l'Armée rebelle et des masses populaires dirigées par Fidel Castro. Lorsque ce dernier est devenu premier ministre en février 1959, il s'en est suivi une élimination rapide de l'influence réactionnaire des éléments bourgeois qui faisaient partie du gouvernement. »

Le nouveau gouvernement a utilisé son pouvoir pour organiser et mobiliser les travailleurs et les paysans, dans le but d'initier une réforme agraire, d'agir contre la domination impérialiste du pays, d'améliorer les conditions dans les usines, de créer des emplois et d'appliquer un large programme de mesures progressistes en matière de santé, d'alphabétisation, d'éducation, de droits démocratiques et d'élimination de la discrimination envers les Noirs et les femmes. La plateforme explique :

> La résolution de la contradiction entre les besoins du développement des forces productives et les rapports de production existants exigeait, comme premier pas, une révolution anti-impérialiste, agraire, démocratique et populaire.
> La bourgeoisie nationale était incapable de diriger une telle révolution à cause de sa faiblesse économique, de sa subordination aux intérêts impérialistes yankees et de sa peur de l'action des masses populaires. Ceci l'a même poussé à s'opposer aux mesures de libération nationale de la première étape.

En Russie, les bolcheviks avaient rejeté la stratégie menchevique de s'en remettre à la bourgeoisie pour diriger la révolution démocratique contre le tsarisme et le landlordisme. Les leçons de cette expérience révolutionnaire et d'autres avant elle ont été incorporées au programme et à la stratégie de l'Internationale communiste lors de sa fondation.

La plateforme du PC cubain explique ensuite les facteurs qui ont conduit les capitalistes cubains à reculer devant l'action révolutionnaire contre le landlordisme et la domination politique et économique de l'impérialisme.

> L'imbrication des intérêts économiques des monopoles yankees, de l'oligarchie bourgeoise-latifundiste et du reste de la bourgeoisie nationale allait faire en sorte que toute mesure portant atteinte aux intérêts de l'un de ces secteurs susciterait une opposition et une résistance immédiates en bloc de toute la bourgeoisie. Dans

les conditions de domination économique et idéologique de l'impérialisme, la bourgeoisie des pays dépendants rejette en général les mesures qui ne vont même pas au delà du cadre démocratique bourgeois. Dans ces pays, la bourgeoisie craint que le développement du processus révolutionnaire mène inévitablement au socialisme.

Cette situation, où la classe ouvrière à la tête du pouvoir d'État a dû réaliser les objectifs de libération nationale et de nature démocratique, a déterminé le lien étroit qui a uni les mesures et les tâches de la première et de la seconde étapes de notre révolution, et le caractère ininterrompu des transformations qui ont assuré la transition d'une étape à l'autre dans le contexte d'un processus révolutionnaire unique.

Les dirigeants du Parti communiste de Cuba ont présenté ces idées et d'autres qui leurs sont associées lors d'une conférence théorique internationale sur « Les caractéristiques générales et particulières des processus révolutionnaires en Amérique latine et dans les Caraïbes, » tenue en avril 1982 à La Havane sous les auspices du Comité central du parti. Des représentants de 35 organisations latino-américaines y ont participé, incluant des Partis communistes et d'autres groupes. À l'ouverture de la conférence, une mention spéciale a souligné la présence de délégations de dirigeants révolutionnaires venus du Nicaragua, de la Grenade, du Salvador et du Guatemala.

Je voudrais souligner un aspect, parmi plusieurs autres, de la présentation de Jesús Montané, un membre du Comité central du PC cubain, qu'il a consacré à Che Guevara[3]. Cet aspect découle directement de la section déjà citée de la plateforme programmatique du PC cubain.

« Sur ce continent, dit Montané, nous observons une fusion inséparable de la lutte des classes et de la lutte ayant un caractère national, une combinaison particulière de tâches démocratiques liées à des tâches socialistes et de tâches de libération anti-impérialiste unies aux actions des travailleurs de la ville et des champs contre l'exploitation du capitalisme. » Cette combinaison se reflétera dans la stratégie et les tactiques de nombreux partis et organisations de la gauche à mesure qu'ils feront des progrès et traverseront de nouvelles expériences.

Le caractère de la domination impérialiste et de son impact dévastateur sur les travailleurs et les paysans des Amériques, explique Montané, « renforce notre conviction que ce continent porte en son sein une révolution, une révolution qui mènera jusqu'à une perspective socialiste et, comme l'a récemment dit le camarade Fidel Castro, qu'il sera aussi difficile d'empêcher que l'accouchement d'une baleine. »

Montané a poursuivi : en disant cela, les communistes cubains ne pèchent pas « par optimisme insouciant. Nous n'ignorons pas non plus les difficultés que rencontrera un processus qui équivaut, essentiellement, à liquider l'impérialisme U.S. Nous savons que ce sera nécessairement un processus long, accidenté et complexe qui remplira toute une époque historique. »

Et, pourrions-nous ajouter, si le résultat final de ce processus, c'est la liquidation de l'impérialisme U.S., les travailleurs des États-Unis seront aussi profondément impliqués et pour une période prolongée.

Jesús Montané fait remarquer que reconnaître l'issue nécessairement socialiste des révolutions à venir dans les Amériques ne répond pas à la question des revendications immédiates et transitoires autour desquelles la lutte pour le pouvoir sera livrée, qui sont avant tout celles de la lutte démocratique et anti-impérialiste. « Ce ne seront pas des modèles ou des standards rigides qui régiront les processus de libération nationale et la construction du socialisme dans cette région. » Chaque parti révolutionnaire devra projeter son propre cours à partir de ses propres expériences et des conditions et relations de classe concrètes dans chaque pays.

À la même conférence, un discours a également été donné par Manuel Piñeiro, un autre membre du Comité central du Parti communiste de Cuba [4]. Ce discours est intitulé « L'unité, les masses et les armes dans la lutte pour le pouvoir, » ce que, citant Fidel Castro, Piñeiro appelle « les trois éléments décisifs pour réussir à atteindre le triomphe révolutionnaire. »

Le camarade Piñeiro fait un bilan critique de quelques-unes des leçons apprises par les Cubains au cours de deux décennies sur ces trois aspects de la stratégie révolutionnaire.

Il explique la nécessité de construire deux sortes d'unité. La première est ce que nous appellerions un front uni anti-impérialiste des forces prêtes à combattre l'oligarchie, la domination dictatoriale et l'oppression impérialiste. Une telle unité, dit-il, est très importante « à condition que les partis et organisations révolutionnaires réussissent à en consolider le noyau dirigeant. »

Ceci souligne la nécessité d'une autre sorte d'unité : l'unité des révolutionnaires. Celle-ci, dit Piñeiro, ne peut reposer sur « des mesures artificielles qui plus tard s'avèreront contre-productives. » Au contraire, « il est reconnu de tout le monde que la meilleure façon de faire avancer l'unité, c'est à travers la collaboration dans les luttes concrètes. » Une telle unité permettra au prolétariat de prendre la direction de tous ses alliés au cours de la révolution. « La révolution prolétarienne en Amérique latine et dans les Caraïbes est en même temps une révolution populaire. »

Le thème de Piñeiro sur les masses est très simple. Il n'est pas possible de prendre le pouvoir au nom des masses. Les masses doivent être conduites à prendre elles-mêmes le pouvoir. « Leur incorporation dans la révolution représente la seule force motrice capable de garantir » à la fois la conquête du pouvoir et sa préservation.

Ce précepte fondamental de la stratégie révolutionnaire expliqué par Piñeiro a été développé en détail au troisième congrès de l'Internationale communiste en 1921 [5]. À ce congrès, Lénine a mené bataille contre les gauchistes pour que la résolution sur la tactique intègre la nécessité pour les communistes de gagner non seulement une majorité du prolétariat à leurs perspectives mais aussi un appui de masse parmi les alliés exploités du prolétariat, avant tout parmi ceux de la campagne.

À cet égard, poursuit Piñeiro, deux erreurs opposées peuvent être faites. La première, c'est « la substitution de l'avant-garde au rôle des masses, » ce qui mène à des confrontations prématurées et à des opportunités ratées. La seconde, c'est de « remettre sans arrêt certaines actions à plus tard en utilisant le subterfuge que les masses n'ont pas la préparation adéquate pour se lancer vers la conquête du pouvoir. »

Piñeiro traite aussi de l'utilisation des revendications par les révolutionnaires : les revendications immédiates et démocratiques, et leur rapport avec celles qui indiquent le chemin d'une transition révolutionnaire vers un nouveau gouvernement des travailleurs et des paysans pour lutter contre la bourgeoisie. Les révolutionnaires peuvent apprendre énormément en étudiant les expériences de Cuba, du Nicaragua et de la Grenade. Mais « il n'y a pas de recettes ni de formules générales » sur comment éduquer, mobiliser et organiser les masses pour la conquête du pouvoir.

Ceci s'applique tout autant au troisième « élément décisif, » l'armement des travailleurs et des paysans. Là aussi, nous dit Piñeiro, il n'y a pas de « stratégie continentale unique. » Les tâches des révolutionnaires varient selon les conditions concrètes, par exemple selon qu'ils opèrent sous des dictatures de droite ou dans une situation où existent de plus grands droits démocratiques.

Manuel Piñeiro met en garde contre « les fausses dichotomies mises de l'avant pour opposer les formes de lutte armées et non armées. À notre avis, le contenu révolutionnaire de toute forme de lutte se juge à ses résultats, c'est-à-dire au progrès ou au recul qu'elle implique par rapport aux objectifs finals des masses populaires. »

Piñeiro insiste sur le danger que représente « la division entre les fonctions politiques et militaires » au sein du parti, qui « entraîne une mutilation des deux. »

En traversant des expériences dans la lutte contre l'impérialisme et contre les oligarchies landlordistes et capitalistes, des organisations et individus provenant de divers courants du mouvement ouvrier en Amérique latine et dans les Caraïbes ont été attirés par la révolution cubaine et influencés par ses dirigeants. Ceci a été vrai du Front sandiniste de libération nationale depuis ses origines. Les dirigeants du New Jewel Movement à la Grenade ont décrit comment ils avaient politiquement évolué d'un courant au sein du mouvement dit du Pouvoir noir antillais, à la fin des années 60 et au début des années 70, en un parti prolétarien révolutionnaire, encore une fois avec l'aide considérable de l'exemple et des conceptions de la direction cubaine.

Les révolutionnaires du FMLN salvadorien et ses diverses composantes ont aussi été façonnés par les luttes et les discussions politiques initiées par la victoire de la révolution cubaine. Je voudrais attirer l'attention sur un exemple. Il s'agit d'un article de Schafik Jorge Handal, un dirigeant du FMLN et le secrétaire général du Parti communiste du Salvador, intitulé « Le pouvoir, le caractère et la voie de la révolution, et l'unité de la gauche. » Cet article a récemment été reproduit dans *Intercontinental Press*, ce qui le rend facile d'accès [6].

Handal cite les leçons qu'il a tirées du Salvador, des victoires à Cuba et au Nicaragua et de la défaite au Chili comme la source de ses propres opinions changeantes. Il souligne qu'« en Amérique latine ont eu lieu deux grandes révolutions véritables, celle de Cuba et celle du Nicaragua. » (Pour les fins de cet article, il exclut les Caraïbes anglophones.) « Dans aucun de ces deux cas, les Partis communistes n'étaient à la tête. »

Pourquoi ? Voilà une question, explique Handal, à laquelle tous les dirigeants et cadres sérieux des Partis communistes se doivent de répondre. Sinon, ils n'arriveront jamais à faire partie de l'avant-garde marxiste des révolutions à venir. Handal expose ensuite les vues auxquelles il en est arrivé sur la question et il cherche aussi à en débattre avec les autres révolutionnaires.

« L'ABC du marxisme-léninisme, dit Handal, enseigne que le problème fondamental de la révolution, c'est le problème du pouvoir, » c'est-à-dire prendre le pouvoir politique et le garder. Handal est maintenant convaincu que son parti et d'autres PC d'Amérique latine sont coupables d'avoir oublié cet ABC. Ils ont agi sur la base de « caractérisations erronées de certains processus sociaux et de certaines politiques réformistes en Amérique latine comme révolutionnaires. » Les Partis communistes de ces pays se sont incorrectement donnés « un rôle de simple force d'appoint. »

Handal rappelle l'exemple du Chili. La défaite, dit-il, n'était pas inévitable. Le problème, c'est que ni les membres du Parti communiste ni personne d'autre n'avaient « une orientation juste pour résoudre vraiment le problème du pouvoir ou pour défendre le gouvernement d'Allende » contre les attaques croissantes de la classe capitaliste et de son corps d'officiers. Aucune organisation politique n'avait préparé les travailleurs et les paysans du Chili à prendre le pouvoir.

Schafik Handal en a conclu que si le programme social et économique des révolutionnaires est important, celui-ci ne sert à rien sans une stratégie qui mène les travailleurs à organiser les masses populaires, d'abord et avant tout la paysannerie, afin d'enlever le pouvoir des mains de l'oligarchie landlordiste et capitaliste et de tous ceux qui la soutiennent. À cet égard, Handal dit que les thèses d'avril 1917 de Lénine et les autres enseignements communistes du vivant de Lénine « restent le modèle de comment poser la question du pouvoir. »

Alors, poursuit-il, que les PC latino-américains créés dans les années 20 et 30 ont cessé « de mettre la lutte pour le pouvoir au centre de leur activité, » de nouveaux partis communistes se construisent à l'heure actuelle sur des bases révolutionnaires plus fermes. À Cuba, où un parti communiste a été forgé dans les dix années qui ont suivi la révolution. Au Nicaragua aujourd'hui. Et Handal est convaincu que ceci finira par se produire au Salvador, par la fusion des forces révolutionnaires prolétariennes qui s'y trouvent.

Il explique que pendant presque deux décennies, lui et beaucoup d'autres membres des Partis communistes latino-américains étaient convaincus que la révolution cubaine avait été « une particularité exceptionnelle. » À la lumière des expériences nicaraguayenne et salvadorienne depuis 1979, il en est maintenant venu à la conclusion opposée.

« À Cuba, dit-il, on voit se démontrer une caractéristique régulière de la révolution en Amérique latine : la révolution qui mûrit ici est la révolution socialiste. »

Ceci ne signifie nullement, insiste-t-il, que la lutte révolutionnaire pour des revendications anti-impérialistes, pour la réforme agraire et pour la démocratie n'est pas à l'ordre du jour en Amérique latine. Alors qu'il avait auparavant cru que ces tâches démocratiques étaient séparées par un mur des tâches ayant un caractère socialiste, Cuba en a montré l'interrelation. « Ce qui mobilise les grandes masses dans l'action révolutionnaire, ce sont les mots d'ordre démocratiques et anti-impérialistes. » Et « la révolution démocratique et anti-impérialiste ne peut aller jusqu'au bout ni défendre ses acquis sans marcher vers le socialisme. »

Handal reprend alors la même idée sous une autre forme : « On ne peut aller au socialisme que par la voie de la révolution démocratique et anti-impérialiste, de même que la révolution démocratique et anti-impérialiste ne peut être achevée qu'en allant vers le socialisme.

« Dans la mesure où il existe entre les deux un lien essentiel et indissoluble, elles sont les facettes d'une seule révolution, pas deux révolutions. » En rejetant cette généralisation, qui était une composante fondamentale du programme du Comintern sous Lénine, le PC salvadorien et la plupart des autres PC latino-américains ont « travaillé pendant des dizaines d'années avec l'idée de deux révolutions. »

Ceci a eu pour conséquence, explique Handal, que les PC du Salvador et d'autres pays ont perdu de vue le rôle dirigeant de la classe ouvrière dans la révolution. « Nous en sommes arrivés à nous convaincre que la révolution démocratique n'était pas nécessairement une tâche qui devait être organisée et dirigée principalement par nous, mais que nous pouvions nous limiter à en être une force d'appoint et nous en tenir à ce rôle de force d'appoint, afin de garantir l'ampleur de l'éventail des forces démocratiques participantes. »

La révolution nicaraguayenne a poussé Schafik Handal à réexaminer la révolution cubaine et il est maintenant convaincu que « dans le mouvement communiste latino-américain, il faut mener une grande bataille idéologique pour nous libérer de ce fardeau réformiste. »

La révolution cubaine a montré la nécessité de construire une direction qui est profondément engagée dans les luttes de masse, qui organise les travailleurs et les paysans, tout en reconnaissant qu'il n'y a pas de voie pacifique vers le pouvoir ni de voie vers le pouvoir qui s'en remette à une aile quelconque de la bourgeoisie. Seuls les travailleurs et les agriculteurs, organisés par un parti révolutionnaire qui leur fournit une direction à la fois politique et militaire, peuvent conquérir le pouvoir et s'en servir pour promouvoir leurs propres intérêts de classe. Si des secteurs de la bourgeoisie font un bout de chemin sur cette voie, les révolutionnaires peuvent utiliser de telles divisions pour avancer vers le renversement de l'ancien régime et l'établissement et la consolidation d'un gouvernement des travailleurs et des agriculteurs.

Pour les communistes, nous dit Handal, le travail politique dans les luttes et les organisations de masse doit avoir pour but conscient de préparer les travailleurs et les paysans à renverser la dictature du capital et à établir leur propre dictature. Si *cette* orientation n'est pas consciemment élaborée et mise en pratique, tout le travail de masse le plus énergique du monde ne mènera jamais à une victoire révolutionnaire.

Toute idée que les travailleurs pourraient « prendre le pouvoir par morceaux » est fausse. Au contraire, explique Handal, « il sera indispensable sous une forme ou une autre de démanteler la machine d'État des capitalistes et de leurs maîtres impérialistes et d'ériger un nouveau pouvoir et un nouvel État.

« Dans de telles conditions, il devient évident que la voie pacifique n'est pas la voie de la révolution. »

Bien entendu, dit Handal, les travailleurs et les paysans qui constituent la grande majorité de la société préféreraient prendre le pouvoir de façon pacifique. Mais l'expérience des masses laborieuses d'Amérique latine et du monde entier a montré que la petite minorité des exploiteurs utilise une violence énorme pour préserver son pouvoir, ses profits et ses privilèges — sa dictature de classe. Les révolutionnaires doivent donc reconnaître ce fait historique et y préparer les masses.

Sous la direction d'un parti révolutionnaire prolétarien, les travailleurs doivent organiser leurs alliés parmi les masses laborieuses pour mener à bien la révolution démocratique et anti-impérialiste contre l'oligarchie : les propriétaires fonciers et les capitalistes. Au cours du processus consistant à mener les masses laborieuses à la victoire, la classe ouvrière et son avant-garde communiste commenceront — selon les conditions matérielles concrètes et le rapport de force entre les classes aux niveaux national et international — à réaliser les tâches de la révolution socialiste qui aboutiront à l'expropriation des capitalistes et à la réorganisation de la société sur la base de la propriété étatique et de la planification économique.

Ces conclusions que tire Schafik Handal, ce sont les leçons de Cuba et du Nicaragua, des victoires et des défaites en Amérique latine. Et ce sont les leçons que nous trouvons lorsque nous retournons à Lénine et au programme et à la stratégie du Parti bolchevique et de l'Internationale communiste des premières années.

Mais il ne suffit pas, poursuit Handal, de reconnaître la nécessité de la lutte armée. Aussi bien dans une période difficile de clandestinité que dans une période d'ouvertures légales ou semi-légales, les communistes doivent saisir toutes les occasions pour organiser et mobiliser les travailleurs et les paysans.

Selon Handal, ce qui était erroné dans l'activité passée du PC salvadorien, ce n'est pas d'avoir fait du travail électoral. Ce travail « était juste. » Ce qui n'était pas juste, c'était la ligne politique et la stratégie de collaboration de classe de cette activité électorale, qui a engendré « des idées et des illusions réformistes » parmi les dirigeants, les cadres et les partisans du PC.

Lorsque le PC salvadorien a décidé de renverser son cours antérieur et de rejoindre la lutte armée contre la dictature, dit Schafik Handal, il n'était pas préparé de manière adéquate pour mettre cette décision en pratique. Le parti avait déjà une commission militaire, mais celle-ci s'est avérée être un obstacle plutôt qu'une aide. Selon Handal, la commission était séparée du parti et de sa direction, alors qu'il faut intégrer la maîtrise de l'art de l'insurrection et des principes de la stratégie militaire à la préparation politique générale du parti visant à mener les travailleurs à prendre le pouvoir.

En vue de surmonter cet obstacle qui empêchait de projeter un cours révolutionnaire, le PC salvadorien a tenu un congrès en avril 1979 où « il a abandonné l'idée que la commission militaire est responsable de former un appareil militaire séparé du reste du parti. » Il ne fallait pas, souligne Handal, en attribuer la faute aux membres de la commission, mais aux conceptions erronées et à la méséducation découlant de l'orientation précédente du parti. Le problème provenait de « l'incapacité de l'ensemble du parti d'organiser et de diriger la lutte armée lorsque le moment de le faire s'est présenté.

« Ce problème ne pouvait être résolu qu'en convertissant le parti dans son ensemble en dirigeant et en acteur, non seulement de la lutte politique, mais aussi de la lutte armée, en en faisant le grand centralisateur et directeur de toutes les formes de lutte. » Les comités de direction et leurs membres se sont mis, écrit-il, à étudier « les problèmes de la lutte armée révolutionnaire » et à se former « à l'art et à la technique militaire, non pas dans le but de les affecter tous à l'appareil militaire, mais pour mettre en pratique la conviction que la lutte armée du parti devait être organisée, appliquée et dirigée par le parti, par ses organismes de direction et de base. »

Le dirigeant du PC cubain Manuel Piñeiro aborde la même question de manière générale dans le discours que nous avons déjà cité. Les débats les plus récents sur cet aspect particulier de la stratégie révolutionnaire se sont limités aux expériences qui ont eu lieu depuis 1945 en Chine, au Viêt-nam et à Cuba. Mais ainsi que nous sommes en train de le découvrir dans le cas de la vaste majorité des questions politiques et stratégiques fondamentales, celle-ci a aussi été traitée par l'Internationale communiste du temps de Lénine. Voici ce que dit sur le sujet la résolution sur la « Structure organisationnelle des partis communistes » adoptée par le troisième congrès du Comintern en 1921 :

> Dans les partis légaux, comme dans les partis illégaux, le travail illégal est souvent conçu comme la fondation et l'entretien d'une organisation fermée, exclusivement

militaire et isolée du reste de la politique de l'organisation du parti. Cette conception est parfaitement erronée. Dans la période prérévolutionnaire, la formation de notre organisation de combat doit au contraire être principalement le résultat de l'ensemble de l'action communiste du parti. Le parti *dans son ensemble* doit devenir une *organisation militaire* luttant pour la révolution. Lorsque des organisations révolutionnaires isolées de caractère militaire sont mises sur pied prématurément, elles ont tendance à se démoraliser et à se désagréger, parce qu'elles n'ont pas de travail de parti immédiatement utile à faire [7].

Pour finir, Handal traite dans le contexte spécifique du Salvador d'une autre question abordée de façon plus générale par le dirigeant cubain Piñeiro : la question de l'unité parmi les forces révolutionnaires engagées en pratique dans la lutte contre la dictature des oligarchies landlordistes-capitalistes dans les Amériques.

Handal est convaincu que ce type d'unité est essentiel à la victoire au Salvador. Pendant des décennies, dit-il, les Partis communistes d'Amérique latine ont rejeté toute coopération avec les autres forces révolutionnaires, mais cela doit changer. C'est la seule voie pour construire des partis qui sont communistes aussi bien en pratique qu'en nom. C'est ce qui s'est passé à Cuba. C'est ce qui est en train de se passer au Nicaragua. Et c'est ce que préconise Handal pour le Salvador.

Le processus d'unification des forces révolutionnaires ne conduira pas à un accord automatique sur tout. Mais nous menons « notre polémique tout en nous prononçant pour l'unité de la gauche. »

Le PC salvadorien, termine Handal, « n'est pas le seul détachement du mouvement communiste latino-américain » qui débat de ce changement révolutionnaire fondamental. Il s'attend clairement à ce que les perspectives qu'il a tracées suscitent tout un débat, y compris dans son propre parti.

Vous n'avez pas à être d'accord avec tout ce que dit Handal dans cet article pour reconnaître que ce dernier mérite une attention sérieuse. Handal soulève des questions auxquelles réfléchissent un large éventail de révolutionnaires prolétariens qui essaient de trouver la voie pour faire exactement ce que nous voulons faire, non seulement en Amérique latine et dans les Caraïbes, mais aussi en Amérique du Nord : construire des partis communistes qui dirigeront la classe ouvrière et ses alliés jusqu'à la défaite de la classe dirigeante capitaliste et la prise du pouvoir.

C'est la tâche centrale que se sont fixés les révolutionnaires depuis le document fondateur écrit par Marx et Engels au début de 1848 pour la première organisation communiste prolétarienne, la Ligue des communistes. Ce document, qui a fini par être connu sous le nom de *Manifeste du Parti communiste,* explique que la première tâche de la classe ouvrière, « c'est le prolétariat s'érigeant en classe dominante. » Ensuite, « [l]e prolétariat utilisera sa domination politique pour arracher peu à peu tout le capital à la bourgeoisie, pour centraliser tous les instruments de production entre les mains de l'État, c'est-à-dire du prolétariat organisé en classe dominante, et pour accroître le plus vite possible la masse des forces de production [8]. »

En 1872, Marx et Engels ont écrit une préface pour une réédition du *Manifeste du Parti communiste.* Ils ont indiqué qu'il leur fallait dire un peu plus à ce moment à partir de l'expérience de la classe ouvrière dans les révolutions de 1848 d'abord, puis de sa vérification dans la Commune de Paris de 1871, « où le prolétariat a détenu pour la première fois [...] le pouvoir politique. »

« Notamment, la Commune a apporté la preuve que la classe ouvrière ne peut pas se contenter de prendre telle quelle la machine de l'État et de la faire fonctionner pour ses propres fins [9]. » Le prolétariat doit détruire l'appareil d'État des anciennes classes dirigeantes et le remplacer par le sien propre.

Presque un demi-siècle plus tard, en 1919, le premier congrès de l'Internationale communiste a adopté une plateforme dont la première partie était intitulée : « La conquête du pouvoir politique. » Celle-ci a expliqué : « La victoire prolétarienne est assurée par la désorganisation du pouvoir ennemi et l'organisation du pouvoir prolétarien ; elle doit signifier la ruine de l'appareil d'État bourgeois et la création de l'appareil d'État prolétarien [10]. »

Le document de fondation de la Quatrième Internationale en 1938 s'appuie résolument sur ces assises programmatiques élaborées par Marx, Engels et le Comintern du temps de Lénine. Écrit par Trotsky, le programme de transition affirme :

« L'accusation capitale que la Quatrième Internationale lance contre les organisations traditionnelles du prolétariat, c'est qu'elles ne veulent pas se séparer du demi-cadavre politique de la bourgeoisie. » Au contraire, nous disons : « Rompez avec la bourgeoisie, prenez le pouvoir ! »

Il a poursuivi : « Les sections de la Quatrième Internationale doivent s'orienter de façon critique à chaque nouvelle étape et lancer les mots d'ordre qui appuient la tendance des travailleurs à une politique indépendante, approfondissent le caractère de classe de cette politique, détruisent les illusions réformistes et pacifistes, renforcent la liaison de l'avant-garde avec les masses et préparent la prise révolutionnaire du pouvoir [11]. »

Conduisez les masses laborieuses vers la prise révolutionnaire du pouvoir, pas vers leur subordination aux besoins ou aux promesses de la bourgeoisie libérale. Voilà notre message. Cette perspective — pour laquelle l'Internationale communiste a été fondée et que notre mouvement mondial cherche à poursuivre — voilà la perspective avancée par la plateforme de 1975 du Parti communiste de Cuba et dans les discours et articles des camarades Montané, Piñeiro et Handal.

Plus d'un siècle de lutte prolétarienne, de révolutions qui ont réussi et de révolutions qui ont été écrasées, a confirmé ces leçons fondamentales. Chaque révolution a des caractéristiques particulières qu'il est essentiel de saisir, mais il y a aussi des leçons générales comme celles-ci. Comme l'exprime Manuel Piñeiro, « Toute révolution sociale véritable est toujours aussi la fille des lois universelles découvertes par Marx, Engels et Lénine. »

Ce sont là les principes politiques et la stratégie révolutionnaire au sens large dont la classe ouvrière a besoin dans tous les pays. Toute tentative de les ignorer mènera à une défaite sanglante suivie d'une profonde démoralisation. À mesure que notre classe traverse des expériences, nous tirons des leçons, nous les généralisons, et nous les appliquons et les enrichissons à travers de nouvelles expériences dans la lutte des classes. Voilà ce que fait un parti communiste.

Les questions soulevées par Jesús Montané, Manuel Piñeiro et Schafik Handal sont celles que doit se poser quiconque veut être un communiste en Amérique latine aujourd'hui. Elles sont aussi des questions pertinentes pour les communistes en Amérique du Nord et dans le reste du monde. Non seulement parce qu'en tant qu'internationalistes, nous reconnaissons que les travailleurs américains et canadiens ont un grand enjeu dans les révolutions qui se produisent dans les pays opprimés par l'impérialisme, mais aussi à cause du poids des questions nationales noire et chicano aux États-Unis et de la question nationale québécoise au Canada.

Les réponses programmatiques et stratégiques que présentent les dirigeants d'Amérique centrale et des Caraïbes sur le caractère démocratique et socialiste combiné des révolutions en Amérique latine et sur la nécessité pour ces révolutions d'avoir une direction prolétarienne sont des réponses communistes. Si vous en doutez encore après la lecture des positions de Montané, Piñeiro et Handal, prenez donc le temps d'étudier l'article de Carlos Rafael Rodríguez écrit en 1970 et intitulé « Lénine et la question coloniale [12]. » Rodríguez est vice-président de Cuba et membre du Bureau politique du PC cubain. Cet article enracine une conception de la stratégie révolutionnaire pour les nations opprimées dans les positions programmatiques fondamentales développées par Marx et Engels et approfondies davantage, après le développement de l'impérialisme, par le Parti bolchevique et l'Internationale communiste sous la direction de Lénine. L'article de Rodríguez est une contribution aux questions politiques stratégiques que les révolutionnaires discutent et reconquièrent aujourd'hui à partir de leurs expériences dans la lutte des classes.

Il n'y a pas de conception révolutionnaire ou de courant politique spécifiquement « castristes » dans le monde aujourd'hui. C'est un mythe qu'il nous faut enterrer pour de bon. Les révolutionnaires cubains, nicaraguayens, grenadiens et salvadoriens ont chacun fait des contributions politiques tirées de leurs expériences spécifiques et des traditions de lutte révolutionnaire de leurs propres pays. Mais ce qu'ils apprennent, enrichissent et appliquent, c'est le programme du marxisme, pas du « castrisme ». Ce sont des communistes. C'est aussi ce que nous sommes.

En tant que communistes aux États-Unis, nous devons faire plus que de nous engager dans un travail de solidarité avec ces révolutions en Amérique centrale et dans les Caraïbes, aussi important que soit ce dernier pour les travailleurs de là-bas et pour ceux de ce pays. Si nous voulons sérieusement construire un parti ouvrier révolutionnaire aux États-Unis, nous devons aussi écouter et apprendre de ces camarades qui ont tout mis en jeu pour défendre et étendre la révolution socialiste en Amérique centrale et dans les Caraïbes. Nous devons utiliser leur exemple pour inspirer et convaincre les travailleurs ayant un esprit révolutionnaire aux États-Unis qu'il est possible d'établir un gouvernement des travailleurs et des agriculteurs.

Nous sommes en train de vivre un des grands points tournants de l'histoire du monde moderne. Des révolutions socialistes ont vu le jour et continuent de naître dans notre hémisphère. Avec elles ont émergé, pour la première fois depuis la dégénérescence stalinienne de l'Internationale communiste il y a un demi-siècle, de nouvelles directions prolétariennes qui sont à la tête de gouvernements et de partis de masse.

La perspective ouverte par les directions révolutionnaires d'Amérique centrale et des Caraïbes d'une fusion des forces qui luttent pour construire des partis communistes nous montre *politiquement* la voie en avant vers un nouveau mouvement prolétarien au niveau international — le but des révolutionnaires prolétariens conscients depuis 1848. Cette organisation révolutionnaire mondiale de masse n'existe pas encore et n'est pas près de se réaliser. Mais c'est dans cette direction que marche l'avant-garde révolutionnaire de notre classe. C'est pour cette raison que les enjeux sont si importants pour nous d'apprendre et de contribuer au processus de discussion et de clarification politiques qui peut, quel qu'en soit le rythme, poser les bases d'une nouvelle Internationale communiste de masse.

Marxisme, bolchevisme et l'Internationale communiste

Notre continuité politique révolutionnaire, celle de la classe ouvrière moderne, ne remonte pas très loin. Elle n'a que 135 ans. Elle remonte aux généralisations adoptées par la Ligue des communistes et présentées sous une forme initiale dans son manifeste, que Marx et Engels ont été affectés à écrire, et dans ses statuts organisationnels, qu'ils ont grandement aidé à préparer.

Les leçons tirées par les dirigeants des révolutions cubaine, nicaraguayenne, salvadorienne et grenadienne font partie de cette continuité révolutionnaire commune. Mais déterminer en quoi, concrètement, consiste au juste cette continuité est un peu plus compliqué qu'il n'en a l'air. En effet, la continuité politique n'est pas comme la doctrine d'une Église dont la vérité ultime est déterminée par un groupe d'individus qui se revendique de quelqu'un ou de quelque chose qui n'est pas sujet à discussion. C'est ainsi que sont établis les articles de foi.

Mais comme l'a écrit Engels deux mois avant la formation de la Ligue des communistes à la fin de 1847 : « Le communisme n'est pas une doctrine mais un *mouvement*. Il ne s'appuie pas sur des principes, mais sur des *faits*. [...] Dans la mesure où il est une théorie, le communisme est l'expression théorique de la position du prolétariat dans cette lutte [de classe] et le résumé théorique des conditions de libération du prolétariat [13]. »

Les communistes n'ont aucun article de foi. Ce que nous avons, comme Engels l'a expliqué, ce sont simplement les généralisations politiques et les leçons stratégiques tirées de l'expérience d'une classe marchant vers la prise du pouvoir depuis qu'elle est née et qu'elle a commencé à se battre en son nom propre : *la classe ouvrière moderne*.

Il est nécessaire de réfléchir à cette affirmation parce qu'elle est étrangère à la façon dont les écoles et institutions enseignent aux gens à penser sous le capitalisme. On nous apprend à penser en termes d'idées et d'individus qui flottent au-dessus des classes et des conditions matérielles. C'est facile de commencer à penser qu'un programme politique a une vie propre, comme la doctrine ou les rites d'une Église ou d'une loge maçonnique.

Ces doctrines ne changent pas tant que le groupe d'individus qui les détermine décide de ne pas les changer. Mais cela n'est pas vrai du programme du prolétariat, qui est modifié par clarification et enrichissement à chaque nouvelle expérience importante de la lutte de classe.

Marx et Engels ont expliqué cette démarche matérialiste dans le *Manifeste du Parti communiste*. Les communistes, explique le manifeste, « ne posent pas de principes sectaires selon lesquels ils veulent modeler » le mouvement ouvrier. Ils « n'ont pas d'intérêts séparés de ceux du prolétariat tout entier. »

Mais alors, qu'est-ce qui distingue les travailleurs communistes du reste de leur classe ? Sur le plan de l'action pratique, disent Marx et Engels, les communistes sont « la section la plus résolue » de la classe ouvrière. Sur le plan du programme et des idées, « ils ont sur le reste de la masse du prolétariat l'avantage de comprendre clairement les conditions, la ligne de marche et les résultats généraux ultimes du mouvement prolétarien [14]. »

Écrivant quatre ans plus tard à un membre fondateur de la Ligue des communistes qui oeuvrait alors à construire le mouvement communiste en Amérique du Nord, Marx a expliqué que sa propre contribution à la théorie du mouvement ouvrier révolutionnaire ne résidait pas dans la découverte de l'existence de classes ou de la lutte des classes, ce que de nombreux autres que lui avaient décrit et discuté. Sa propre contribution, a-t-il dit, a été de démontrer que « la lutte de classe mène nécessairement à la *dictature du prolétariat*[15]. »

C'est seulement en généralisant et en tirant les leçons des expériences concrètes de la classe ouvrière que les révolutionnaires développent un programme et une stratégie qui peuvent nous aider à diriger notre classe vers ce but, la dictature du prolétariat. Voilà la source de notre continuité politique.

Lénine a dit que sans théorie révolutionnaire, il ne peut y avoir de mouvement révolutionnaire. Vous entendez si souvent cette citation qu'elle peut parfois perdre son sens. Mais il est important de réfléchir à ce que Lénine a réellement dit. Il n'a pas dit que sans théorie révolutionnaire, il ne peut y avoir d'*action* révolutionnaire. Ce serait erroné. Il peut y avoir, il y a eu et il continuera d'y avoir des luttes révolutionnaires menées par des travailleurs qui ne sont pas guidés par des organisations munies de la théorie révolutionnaire. Des luttes révolutionnaires, mais pas un *mouvement* révolutionnaire. Parce que construire un mouvement révolutionnaire, en opposition à l'action seule, exige de généraliser consciemment les leçons que notre classe a apprises de la lutte dans un programme et une stratégie, une continuité politique, sur lesquels se base l'*organisation* révolutionnaire.

Ces leçons — ce qu'il faut faire et, d'une façon peut-être plus importante, ce qu'il ne faut pas faire — notre classe les a payées à plusieurs reprises dans le sang. Elles sont irremplaçables.

Mais le fait que notre programme et notre stratégie soient enracinés dans l'expérience de la classe ouvrière signifie aussi que de nouvelles expériences *modifient*, mieux, enrichissent notre continuité révolutionnaire. Elles ne peuvent évidemment rien changer aux expériences passées. Mais notre continuité politique n'est pas figée. C'est la conscience en évolution de l'avant-garde d'une classe, exprimée dans un programme et une stratégie, et incarnée dans des organisations révolutionnaires et leurs cadres.

Nous y incorporons de nouvelles leçons tout en préservant les anciennes, que nous comprenons d'une nouvelle façon. Notre continuité révolutionnaire est une chose vivante. C'est notre compréhension *actuelle* des riches leçons tirées des révolutions et des batailles de classe qui ont eu lieu avant nous. Et cette compréhension change à mesure que notre classe traverse de nouvelles expériences.

Le programme de l'Internationale communiste, par exemple, n'était pas seulement une continuité, mais un enrichissement et un approfondissement du programme du Parti bolchevique d'avant la première guerre mondiale. Le prolétariat mondial avait fait l'expérience de la première guerre mondiale impérialiste, de l'effondrement de la Deuxième Internationale en tant qu'organisation révolutionnaire, et de la révolution russe de 1917. Ces événements, qui ont culminé dans l'établissement du premier État ouvrier du monde, avaient mis à l'épreuve toutes les ailes du mouvement ouvrier. La Troisième Internationale n'a pas seulement préservé ce qu'il y avait de meilleur dans le programme de ses prédécesseurs, ce qui avait résisté à l'épreuve d'événements titanesques. Elle y a fait des ajouts et modifié le poids et la priorité accordés à divers aspects de ce programme.

De la même façon, la révolution cubaine, l'extension de la révolution socialiste par les travailleurs nicaraguayens et grenadiens, et la lutte en cours au Salvador sont des expériences qui enrichissent et modifient la façon dont nous comprenons et appliquons notre continuité révolutionnaire aujourd'hui. Si de nouvelles révolutions socialistes ne nous affectaient pas ainsi, nous serions une organisation révolutionnaire finie.

Des questions auxquelles on ne pouvait pas donner de réponses définitives il y a 25 ans ont été réglées par la lutte de classe. Par exemple, toutes les révolutions allaient-elles être dirigées — et perverties — par des partis formés à l'école du stalinisme ? Ceci avait pu sembler être le cas au cours de la période allant de la deuxième guerre mondiale à la fin de 1959. Nous étions sûrs que la réponse était « non ». Mais la question n'en est pas moins restée ouverte jusqu'à ce qu'elle soit réglée en *pratique* par la victoire de la révolution cubaine.

J'insiste sur cette question de continuité et de changement parce que nous sommes, à juste titre, conservateurs lorsqu'il s'agit de changements programmatiques. Trotsky mettait en garde : réfléchissez-y deux fois, camarades, avant de tailler la barbe de Marx. Les leçons de notre classe ont été acquises à un prix élevé. On ne doit pas les rafistoler à la légère. Cette attitude sérieuse à l'égard du programme est, en fait, une chose qui distingue les révolutionnaires prolétariens des dilettantes petits-bourgeois.

Mais chaque génération de combattants prolétariens doit voir ces leçons avec ses propres yeux, du point de vue des expériences concrètes qu'elle a connues et qu'elle anticipe. Chaque génération comprend ainsi plus profondément sa continuité, l'enrichit, en utilise les aspects qui s'appliquent plus directement à sa propre expérience et en perçoit certains points sous tel ou tel angle nouveau selon les problèmes particuliers auxquels elle est confrontée.

En insistant sur le fait que notre continuité politique est une continuité ouvrière qui ne remonte qu'au programme de la première organisation communiste scientifique moderne, je ne veux pas dire que nous n'absorbons pas les leçons et que nous ne sommes pas inspirés par les combattants qui dans l'histoire ne font pas directement partie de cette continuité programmatique et politique.

Un des discours dont je viens de parler se termine par exemple par un extrait de Fidel Castro qui cite une couche entière de combattants de la lutte de libération nationale de

Cuba avant que la classe ouvrière n'entre en scène comme sa force dirigeante — des figures révolutionnaires comme José Martí et Antonio Maceo.

Ou prenez la déclaration de principes contenue dans les statuts de l'Alliance des jeunes socialistes (YSA). Tout en expliquant que la YSA est une organisation marxiste qui s'appuie sur la lutte des travailleurs pour le pouvoir politique, elle explique aussi que la YSA puise son inspiration auprès de combattants qui ont lutté contre l'oppression à d'autres moments de l'histoire, comme Sam Adams, Sojourner Truth et Susan B. Anthony, ainsi que de géants révolutionnaires de notre propre époque comme Malcolm X, qui n'était pas encore un marxiste lorsque sa vie et son évolution politique ont été brutalement interrompues par des agents de la classe dirigeante U.S. Néanmoins, notre continuité *politique* et *programmatique* est plus spécifique.

Les événements des 25 dernières années nous ont à maintes reprises ramenés à une période particulière de cette continuité : celle des discussions et des documents de l'Internationale communiste (le Comintern). Ils nous ont ramenés aux premières années de l'Internationale communiste, quand Lénine vivait encore et que les dirigeants du Parti communiste russe s'efforçaient de transmettre les leçons de l'héritage programmatique de Marx, d'Engels, de la révolution russe et de la lutte internationale que celle-ci a inspirée. Pour la première fois, cette révolution était parvenue aux « résultats généraux ultimes » prévus par le *Manifeste du Parti communiste* : la consolidation de la dictature du prolétariat.

Pourquoi nos expériences depuis 1959, et à nouveau depuis 1979, nous ont-elles ramenés non seulement aux écrits politiques de Marx et d'Engels, mais aussi aux rapports et résolutions du Comintern ? La raison, c'est que la révolution cubaine est une révolution socialiste, dirigée par une direction révolutionnaire déterminée à approfondir et à étendre cette révolution en construisant un parti communiste pour y arriver et en faisant tout ce qui est nécessaire pour faire avancer ce processus révolutionnaire. C'est pour l'accomplir au niveau mondial que l'Internationale communiste a été établie. Voilà pourquoi les leçons de cette période historique nous semblent si justes aujourd'hui.

Aujourd'hui, nous sommes capables d'étudier et de comprendre les leçons du Comintern comme nous ne pouvions pas le faire il y a des années. Nous allons apprendre davantage en étudiant les documents du Comintern à la lumière de ces expériences.

Ce n'est pas que le programme des cinq premières années du Comintern a changé. *Nous avons changé* avec le développement de la lutte de classe révolutionnaire. Nous sommes devenus plus prolétariens — non seulement au niveau de nos conceptions programmatiques mais aussi de la composition de notre direction et de nos rangs. Nos yeux sont plus ouverts et nos esprits plus en harmonie avec ce qui arrive. Les choses que nous avons vues se produire, les forces que nous avons vues venir de l'avant, les autres révolutionnaires qui nous ont mis au défi d'approfondir notre réflexion : tout cela nous rend mieux capables de comprendre et d'appliquer le programme du Comintern à une réalité vivante et de le faire de l'intérieur de celle-ci.

Le contenu et l'ampleur de ce que l'Internationale communiste a accompli au cours de ses cinq premières années ont de quoi stupéfier.

Les dirigeants bolcheviques affectés au Comité exécutif de l'Internationale communiste étaient Lénine, Boukharine, Radek, Trotsky et Zinoviev. Sous leur direction, le Comintern a établi les bases programmatiques et stratégiques de la lutte révolutionnaire pour la dictature du prolétariat. Celles-ci incluent le mot d'ordre de gouvernement des travailleurs et des agriculteurs ; la lutte des travailleurs communistes pour transformer les syndicats en instruments révolutionnaires de lutte de classe ; la tactique du front unique ouvrier ; la place de la lutte pour le contrôle ouvrier dans la ligne de marche de la classe ouvrière vers le pouvoir ; la défense de la lutte pour l'émancipation des femmes ; la position du prolétariat dans la lutte contre la domination impérialiste et l'oppression nationale, y compris la libération des Noirs aux États-Unis ; les racines du fascisme et la manière de le combattre ; l'organisation et la structure des Partis communistes.

Je veux me concentrer ici sur la conception intégrée qu'avait le Comintern de la révolution mondiale. Le Comintern a été le premier à intégrer deux éléments nouveaux, décisifs dans la lutte révolutionnaire pour des gouvernements des travailleurs et des agriculteurs et pour la dictature du prolétariat au vingtième siècle.

Premièrement, la victoire et la consolidation de la république soviétique russe ont fondamentalement changé les rapports de force entre les classes dans la politique mondiale. Le Comintern a compris que la mobilisation de la classe ouvrière internationale et de ses alliés pour défendre cette conquête révolutionnaire historique contre l'impérialisme était une composante centrale de l'extension de la révolution socialiste dans le monde. « La lutte pour les soviets est devenue la lutte contre le capitalisme mondial, » a expliqué le manifeste du deuxième congrès du Comintern en 1920. « La question de la Russie des soviets est devenue une pierre de touche pour toutes les organisations de la classe ouvrière [16]. »

Ceci est encore plus vrai que jamais aujourd'hui, alors que cette première conquête de la classe ouvrière mondiale a été accrue par l'établissement de nouveaux États ouvriers en Chine, en Corée, au Viêt-nam, en Europe de l'Est et à Cuba, et que d'autres sont en route dans les Caraïbes et en Amérique centrale.

Deuxièmement, le Comintern a été le premier à projeter un cours vers une véritable révolution socialiste *mondiale*. Auparavant, le mouvement ouvrier marxiste avait considéré que la révolution socialiste n'était une perspective réaliste que dans un nombre relativement petit de pays industrialisés, surtout en Europe occidentale et en Amérique du Nord. Dans une large mesure, ceci avait correctement reflété le développement inégal du capitalisme et de la croissance de la classe ouvrière au niveau mondial dans la seconde moitié du dix-neuvième siècle et au début du vingtième. Les effectifs de la Deuxième Internationale se limitaient presque entièrement à des partis ouvriers européens et nord-américains.

Le mouvement ouvrier international a payé très cher cette limitation. La composition de la Deuxième Internationale a rendu plus difficile de résister au cancer croissant du racisme et de la justification du colonialisme qui rongeait d'importantes sections de celle-ci au cours de ces années. Lénine a toujours combattu cette situation et dit la vérité à son sujet, aussi bien dans la Deuxième Internationale qu'après.

Le Comintern a reconnu que la révolution russe avait ouvert une nouvelle période de la révolution mondiale. À la suite d'un rapport de Lénine et de discussions et débats vigoureux lors de son deuxième congrès, il en est venu à la conclusion que même les pays les plus arriérés économiquement comme la Chine pouvaient « parvenir au régime soviétique et, en passant par certains stades de développement, au communisme en évitant le stade capitaliste. » C'était possible à la condition d'établir un pouvoir soviétique basé sur les organisations de masse et sur des organes élus des travailleurs et des paysans, que la classe ouvrière prenne la direction de la lutte de libération nationale et que le gouvernement soviétique en Russie vienne à l'aide de tels régimes révolutionnaires « par tous les moyens à [sa] disposition [17]. »

Aucun pays du monde, a dit le Comintern, n'est condamné à un développement capitaliste inévitable et indéfini, avec les horreurs qui l'accompagnent. La victoire des bolcheviks et ses conséquences ont mis la révolution socialiste à l'ordre du jour, non seulement dans les pays industriellement avancés ou dans une poignée des pays coloniaux les plus développés, mais dans le monde entier. Il était possible de faire la révolution. Celle-ci n'était pas garantie et n'allait pas être facile à réaliser ; en fait, ce serait très difficile. Mais c'était possible. On pouvait maintenant le voir.

Avec cette perspective en tête, le Comintern a déployé ses énergies pour devenir une véritable organisation communiste *mondiale*. Des partis marxistes prolétariens pouvaient et devaient être construits dans *tous* les pays.

Dans son discours d'ouverture au deuxième congrès du Comintern, Lénine a signalé que cette assemblée « méritait le titre de congrès mondial » parce que « nous avons ici pas mal de représentants du mouvement révolutionnaire des colonies et des pays arriérés [18]. » Les statuts adoptés par ce congrès ont proclamé que le Comintern devait rompre « pour tout jamais avec la tradition de la Deuxième Internationale pour laquelle n'existaient en fait que les peuples de race blanche. » Le Comintern « fraternise avec les hommes de race blanche, jaune, noire, avec les travailleurs de toute la terre [19]. »

Les dirigeants du Comintern n'ont jamais nié les difficultés impliquées dans cette perspective de construire un parti mondial et d'étendre la révolution socialiste mondiale. Mais ils avaient confiance dans la classe ouvrière, qui avait montré ce dont elle était capable en octobre 1917. Cette confiance a été confirmée par les 60 années qui ont suivi, ainsi que le démontrent les événements qui se déroulent en Amérique centrale et dans les Caraïbes. Sous la direction des bolcheviks, les travailleurs et les paysans de Russie ont inauguré l'époque de la révolution socialiste mondiale contre l'impérialisme — *notre époque.*

En présentant cette vision intégrée de la révolution socialiste mondiale, le Comintern a reconnu et analysé les différences et l'interaction existant entre la lutte de libération des masses travailleuses dans les colonies et les nations opprimées et celle du prolétariat et de ses alliés dans les pays capitalistes économiquement avancés.

Si les travailleurs des pays impérialistes et leurs organisations n'apportent pas un soutien actif et inconditionnel aux luttes de libération nationale, surtout à celles des nations opprimées par leur propre gouvernement, il sera impossible de construire des partis révolutionnaires dans ces pays impérialistes. Le jeune prolétariat des nations opprimées aura plus de difficultés à prendre la tête des luttes anti-impérialistes et la révolution mondiale ne pourra progresser. La direction bolchevique du Comintern a aussi reconnu la nécessité de forger l'alliance la plus solide possible entre le nouvel État soviétique et les nations opprimées dans la lutte contre l'impérialisme.

Les dirigeants du Comintern étaient convaincus, comme Lénine l'a expliqué au troisième congrès en 1921, que « le mouvement de la majorité de la population terrestre, orienté au départ vers la libération nationale, se tournera contre le capitalisme et l'impérialisme, et jouera [...] un rôle révolutionnaire éminent dans les phases ultérieures de la révolution mondiale[20]. » Cette anticipation a certainement été confirmée au cours des décennies suivantes de l'histoire du monde.

Les caractéristiques spécifiques de la révolution en Russie avaient aidé les bolcheviks à comprendre cette question et son importance. Si la Russie était devenue une puissance impérialiste à la fin du dix-neuvième siècle, la grande majorité de sa population restait paysanne. Dans toutes les sphères de la vie économique, sociale et politique, elle restait entravée par la monarchie et des survivances du féodalisme. Ceci a fait de l'impérialisme russe le maillon le plus faible et y a donné à la révolution de nombreux traits communs avec les révolutions des nations opprimées.

Dans le dernier quart du dix-neuvième siècle, encouragés par le déclenchement de luttes paysannes et par le mouvement populiste révolutionnaire en Russie, Marx et Engels avaient prévu la possibilité qu'une révolution démocratique contre l'autocratie tsariste donne une profonde impulsion aux luttes révolutionnaires des travailleurs en Europe occidentale. Ils n'ont même pas exclu la possibilité que, en cas de victoires parallèles en Europe, une révolution en Russie n'aille plus loin et plus vite qu'il ne semblerait probable à cause de l'arriération sociale, économique et politique du pays.

Mais peu avaient pensé avant 1917 dans le mouvement ouvrier international qu'il y avait beaucoup de chances que la première révolution socialiste victorieuse se produise en Russie. Mais c'est ce qui est arrivé. Et Lénine a insisté sur le fait que le mouvement ouvrier de tous les pays avait beaucoup à apprendre de l'expérience russe, y compris celui des pays les plus avancés économiquement.

« Après la victoire de la révolution prolétarienne, a-t-il écrit en 1920, si même elle n'a lieu que dans un seul des pays avancés [...], la Russie deviendra bientôt après un pays non plus modèle, mais retardataire. Mais en ce moment de l'histoire, [...] le modèle russe montre à *tous* les pays quelque chose de tout à fait essentiel de leur inévitable et prochain avenir[21]. »

Le Comintern nous a appris que la révolution démocratique, anti-impérialiste et agraire se combine à la révolution socialiste dans les nations opprimées. Il a tracé un cours vers la construction de fronts uniques anti-impérialistes et vers la lutte pour y établir une direction prolétarienne. Il nous a appris que les communistes, tout en soutenant chaque lutte concrète contre l'impérialisme, quelles qu'en soient les limites ou la direction, doivent distinguer les mouvements nationaux révolutionnaires basés sur les travailleurs et les paysans des mouvements nationaux dominés par la bourgeoisie, qui sont un obstacle à la lutte de libération nationale des masses laborieuses opprimées.

La direction bolchevique de l'Internationale communiste a souligné que la classe ouvrière doit construire ses propres organisations indépendantes et prendre la direction des luttes de libération nationale, qu'il est insuffisant de seulement les soutenir ou applaudir. Que les travailleurs et leur parti d'avant-garde doivent avoir le plus grand esprit de sacrifice dans l'organisation des batailles démocratiques et anti-impérialistes de l'ensemble des peuples opprimés.

Voilà quelques-unes des leçons que le camarade Handal dit que la plupart des partis communistes latino-américains ont ignorées pendant si longtemps.

Le Comintern a aussi travaillé dur pour développer un programme et une stratégie de transition, en particulier lors de ses troisième et quatrième congrès en 1921 et 1922. Après la mort d'Engels en 1895, la majorité des dirigeants de la Deuxième Internationale ont laissé se creuser un abîme de plus en plus profond entre l'activité quotidienne autour des revendications immédiates et démocratiques des travailleurs (ce qu'ils appelaient le « programme minimum ») et l'éducation et l'organisation de la classe ouvrière pour faire la révolution socialiste et établir la dictature du prolétariat (le « programme maximum »). L'aile majoritaire et de collaboration de classe du mouvement limitait son activité au marchandage de réformes dans le cadre du capitalisme en ne rendant qu'un hommage verbal à l'objectif lointain du socialisme. En essayant d'éviter ces écueils, de nombreux révolutionnaires de gauche ont fini par se concentrer presque exclusivement sur le programme maximum, avec peu ou aucune compréhension du fait que la lutte pour les revendications immédiates et démocratiques des travailleurs, des masses laborieuses rurales et des nationalités opprimées est un moteur non seulement puissant, mais nécessaire, du changement révolutionnaire et une source de cadres communistes.

En Russie par contre, les bolcheviks ont poursuivi la démarche prolétarienne élaborée dans le *Manifeste du Parti communiste* et les écrits de Marx et d'Engels. Au cours du processus qui a préparé les travailleurs russes à la lutte pour le pouvoir entre les révolutions de février et d'octobre 1917,

Lénine et les bolcheviks ont formulé un programme de transition qui a jeté un pont entre la lutte des travailleurs et des paysans qui s'intensifiait pour des revendications immédiates et démocratiques, et leur conquête du pouvoir politique. Ce programme et cette stratégie ont permis à l'avant-garde prolétarienne de faire le boulot.

À partir de cette expérience, les dirigeants russes du Comintern ont cherché à enseigner aux communistes une stratégie et une méthode permettant d'éviter le piège du maximum-minimum des réformistes et la solution contre-productive des gauchistes. Le Comintern a ravivé la compréhension du besoin d'une stratégie qui combine la participation et la direction des révolutionnaires dans les luttes des travailleurs et de leurs alliés pour des revendications immédiates et les droits démocratiques, tout en mettant de l'avant et en expliquant des revendications qui montrent la voie aux travailleurs vers la remise en cause des prérogatives des capitalistes, vers l'acquisition d'un contrôle toujours plus grand sur leur propre vie au travail et en dehors, et vers une protection contre l'exploitation et les effets de l'inflation et du chômage.

Le plus important, c'est que tout ceci a été intégré à la perspective politique de la prise du pouvoir, de l'établissement d'un nouveau gouvernement basé sur les travailleurs et les agriculteurs. Sous la direction de la classe ouvrière, les masses travailleuses devaient renverser le pouvoir des propriétaires et établir leur propre gouvernement. Le Comintern a mis cette idée au centre même de sa stratégie de transition.

Le Comintern a également expliqué de quel genre de gouvernement les travailleurs ont besoin pour mobiliser leurs alliés et progresser vers l'expropriation des capitalistes. Il a présenté la lutte pour les gouvernements des travailleurs et des agriculteurs non pas comme une simple façon populaire d'exprimer l'objectif socialiste de la propriété et de la planification d'État, mais comme un mot d'ordre transitoire indiquant de quel instrument politique la classe ouvrière a besoin pour consolider son pouvoir politique ; éduquer, organiser et mobiliser les masses laborieuses ; exproprier les capitalistes ; et initier le processus de construction du socialisme sur la base de la propriété et de la planification d'État. Issu d'une révolution populaire victorieuse, un tel gouvernement ouvre la voie à la consolidation de la dictature du prolétariat.

Cette discussion sur le gouvernement des travailleurs et des agriculteurs s'est développée à partir des expériences des révolutions que la génération du Comintern a connues, aussi bien celles qui ont été victorieuses que celles qui ont été mises en échec : en Russie, en Allemagne, en Hongrie et ailleurs. Les leçons qu'on y trouve clairement exposées nous ont énormément aidés à comprendre et à apprendre des gouvernements transitoires comme celui que nous avons vu à Cuba entre le milieu de 1959 et la fin de 1960 et ceux que nous voyons aujourd'hui au Nicaragua et à la Grenade. En cherchant à comprendre les transformations révolutionnaires dans ces pays, nous sommes revenus maintes fois aux discussions du Comintern.

Les gouvernements des travailleurs et des agriculteurs sont caractérisés par une étape de la lutte de classe où les rapports de propriété capitalistes n'ont pas encore été abolis, mais où les travailleurs et les agriculteurs ont conquis le pouvoir politique par une véritable révolution. La principale tâche des révolutionnaires prolétariens dans un gouvernement de ce type est d'organiser, de mobiliser et d'élever la conscience de classe de la classe ouvrière et de ses alliés, et de les diriger à travers la lutte de classe vers l'expropriation de la bourgeoisie et la consolidation d'un État ouvrier.

Les dirigeants bolcheviques du Comintern étaient convaincus que le rythme de cette période de transition serait déterminé par les conditions objectives, par le rapport de force entre les classes dans le pays et dans le monde, et par le niveau d'organisation et de préparation de la classe ouvrière et de sa direction.

Le prolétariat et la paysannerie pauvre de la Russie avaient été contraints d'exproprier la bourgeoisie et d'entrer en conflit avec les secteurs plus aisés de la paysannerie beaucoup plus rapidement que les bolcheviks ne l'avaient prévu à l'origine. D'importantes invasions impérialistes et l'éclatement de la guerre civile ont forcé la république soviétique à franchir ces pas au milieu de 1918. Mais le prolétariat de Russie a payé très cher cette nécessité. En 1921, après la défaite du gros des forces contre-révolutionnaires, la direction soviétique a dirigé un repli par rapport à ces politiques initiales. Ce fut la Nouvelle politique économique (NEP). Un impôt en espèce sur les céréales a remplacé la réquisition forcée des paysans rendue nécessaire en temps de guerre par le besoin de nourrir l'armée et les travailleurs urbains. Les agriculteurs ont pu conserver le surplus de leur production pour la consommation familiale ou la vente au marché. La NEP comportait aussi des mesures visant à revitaliser la production industrielle qui avait été durement frappée au cours de la guerre civile. Il a été décidé de louer à des capitalistes étrangers et à quelques entrepreneurs toujours en Russie l'utilisation de certaines usines, mines et forêts et de certains gisements de pétrole nationalisés.

Comme Lénine et Trotsky l'ont expliqué lors des troisième et quatrième congrès du Comintern, de nombreuses autres révolutions auraient à suivre des politiques semblables à celles adoptées au cours de la NEP russe. Mais avec de la chance, les futures révolutions ne seraient pas forcées de le faire dans le cadre d'une retraite, comme cela avait été le cas en Russie soviétique. Elles pourraient le faire dès le début comme une transition moins brutale et moins coûteuse.

Les expropriations instantanées et totales n'étaient pas le meilleur moyen pour la classe ouvrière de se préparer à administrer l'économie toute entière, depuis le niveau de l'entreprise jusqu'à la planification nationale. Le rythme le moins coûteux et les priorités de chaque situation particulière dépendaient de plusieurs facteurs. Il fallait diriger la lutte de classe des travailleurs dans les villes et des travailleurs agricoles et des paysans pauvres à la campagne ; promouvoir et organiser les syndicats et les autres organisations de masse ; préparer les masses laborieuses à affronter la contre-révolution à l'intérieur et à l'extérieur du pays ; maintenir et élargir la production pour satisfaire les besoins du peuple et financer de nouveaux grands travaux d'infrastructure, etc.

En expliquant la NEP, Lénine a écrit qu'il fallait faire « davantage de concessions, bien entendu dans les limites de ce que le prolétariat *peut* céder tout en restant la classe dominante [22]. » Aussi longtemps que le prolétariat maintenait son alliance avec les paysans pauvres et les couches de la paysannerie moyenne et qu'il détenait le pouvoir, il pouvait faire preuve d'une grande flexibilité en organisant la transition du capitalisme au socialisme.

Le Comintern n'a pas essayé de prédire la forme spécifique que prendrait le gouvernement des travailleurs et des agriculteurs. La clé, c'était que ce dernier soit basé sur une alliance de classes exploitées : une alliance du prolétariat, qui est une classe différenciée, et de la paysannerie, qui est un éventail de classes encore plus différenciées.

Sans cette alliance, la révolution ne pourrait être victorieuse. Lénine a souligné que ceci était important non seulement dans les pays comme la Russie où la paysannerie constituait la vaste majorité de la population, mais aussi dans les pays industriellement avancés. C'était vrai malgré l'existence de grandes différences dans la taille de la classe ouvrière par rapport à celle de la paysannerie et dans les relations de classes et les formes de propriété terrienne à la campagne. Dans chaque pays, la classe ouvrière devait développer un programme et une stratégie lui permettant de forger une alliance avec des alliés potentiels parmi d'autres producteurs exploités, en particulier ceux de la terre.

Après la grave attaque cérébrale qui a mis fin à la vie politique de Lénine en mars 1923 (il est mort au début de 1924), une lutte politique s'est développée au sein de la direction du Parti communiste de l'Union soviétique. Ce débat reflétait en fait un approfondissement de la lutte de classe qui déterminerait si le cours établi par les quatre premiers congrès du Comintern allait être préservé et appliqué ou bien érodé et éventuellement renversé. Au cours de ces années, la république soviétique a fait face à d'énormes obstacles : le reflux de la montée révolutionnaire en Europe, qui avait commencé en 1920 et a connu sa troisième défaite en Allemagne en 1923 ; le blocus impérialiste ; et les ravages persistants de la guerre civile et des invasions impérialistes qui s'étaient traduits par une pauvreté généralisée et la perte de milliers et de milliers des travailleurs les plus conscients et les plus dévoués.

Ces pressions ont permis la consolidation d'une caste bureaucratique ayant un caractère et des conceptions petits-bourgeois, qui a défendu son pouvoir et ses privilèges matériels relatifs contre les intérêts de la classe ouvrière soviétique. Mais pour le faire, la bureaucratie qui se développait a dû inventer une explication idéologique lui permettant de justifier un cours qui niait en pratique tout le programme et toute la stratégie du Comintern, qui avait cherché à utiliser le pouvoir soviétique pour approfondir la révolution et l'étendre dans le monde. Lentement mais sûrement, l'internationalisme prolétarien a été remplacé par l'intérêt national russe mis au service de la caste privilégiée. Le tout a culminé au début des années 30 dans la dégénérescence, sans espoir de réforme, de la direction du Parti communiste soviétique et du Comintern.

Ce processus ne s'est pas produit d'un coup. Trotsky a dirigé l'opposition contre certains changements politiques majeurs, des signes de danger qui avaient commencé à apparaître à la fin de 1923. Quelques années plus tard, une situation révolutionnaire s'est développée en Chine et a émergé comme l'un des premiers tests de la direction politique maintenant tracée pour le Comintern par Staline et Boukharine.

À l'encontre de la perspective voulant que la classe ouvrière, en alliance avec les masses paysannes, joue le rôle politique dirigeant, perspective adoptée par le deuxième congrès du Comintern en 1920 et réaffirmée aux deux congrès suivants, Staline et Boukharine ont commencé en 1927 à projeter ce qu'ils ont appelé un « bloc de quatre classes » pour faire avancer la révolution chinoise. Comme l'a écrit Trotsky un peu plus tard, « l'idée principale des staliniens était de faire de la bourgeoisie la dirigeante de la révolution nationale [23] » — pour être précis : le parti bourgeois dominant en Chine, le Kuomintang, dirigé par le général Tchang Kai-shek.

Appeler ouvertement à faire confiance à une aile de la bourgeoisie et le défendre comme la perspective du Comintern aurait été une rupture trop voyante avec le programme de ce dernier et celui du Parti communiste russe. Au lieu de cela, Staline a prétendu que le Kuomintang était en fait un « parti ouvrier et paysan, » pas un parti nationaliste bourgeois. À l'encontre de toutes les résolutions précédentes du Comintern sur la question nationale et coloniale, Staline a donné l'ordre au jeune Parti communiste chinois encore inexpérimenté d'abandonner son indépendance politique et organisationnelle et d'entrer dans le parti de Tchang Kai-shek. Les cadres du PC se sont vus ordonner d'accepter la direction politique de Tchang Kai-shek et de ne pas se différencier, encore moins de critiquer la stratégie et le programme bourgeois du Kuomintang, même si ces derniers faisaient obstacle à la révolution démocratique contre la domination impérialiste, le landlordisme et le warlordisme en Chine.

Dans le but de ne pas contrarier les partisans capitalistes du Kuomintang, dont beaucoup étaient aussi de grands propriétaires fonciers, Staline a donné l'ordre au PC chinois de renoncer à organiser des soviets — des conseils de travailleurs et de paysans — à la ville et à la campagne, de mettre un frein aux luttes paysannes pour la réforme agraire et, là où c'était possible, d'encourager des règlements par arbitrage dans les conflits entre les travailleurs et leurs patrons.

De cette façon, cette politique a non seulement subordonné le parti prolétarien au misleadership bourgeois de la révolution, mais elle a mis dans une camisole de force les luttes des travailleurs et des paysans essentielles à la victoire. Les meilleurs militants se sont progressivement démoralisés.

Les fruits amers de cette politique de collaboration de classe ont été récoltés en avril 1927. Sous la direction du PC chinois, les travailleurs de Shanghai avaient renversé la domination des seigneurs de la guerre féodaux réactionnaires et établi leur propre pouvoir dans la ville. La direction de Staline dans le Comintern a cependant donné l'ordre au PC d'accueillir l'armée de Tchang Kai-shek à Shanghai et de désarmer les travailleurs chinois. Effrayée par la puissance et l'indépendance dont la classe ouvrière chinoise avait fait preuve en s'emparant de Shanghai, l'armée de Tchang Kai-shek a massacré des milliers de travailleurs, écrasé les syndicats et imposé une dictature militaire défendant la propriété et les intérêts de classe de la bourgeoisie.

N'ayant rien appris de ce désastre, Staline a alors poussé le PC à lier son sort à une soi-disant aile gauche au sein de la direction bourgeoise du Kuomintang, ce qui a rapidement mené à une nouvelle opportunité perdue et à un nouveau massacre de travailleurs le mois suivant dans la ville de Wuhan.

Plus tôt, en 1926, Trotsky s'était allié à Zinoviev, Lev Kamenev et d'autres dirigeants communistes soviétiques pour former l'Opposition unifiée au sein de la direction du parti et lutter pour renverser le cours suivi sur une série de questions nationales et internationales.

L'Opposition unifiée a soutenu de façon correcte que, loin de s'inscrire dans la continuité de la politique bolchevique, le cours de Staline et de Boukharine sur la Chine reprenait la politique menchevique : premièrement, de rejet de l'alliance des travailleurs et des paysans et du rôle dirigeant de la classe ouvrière dans cet alignement de classes ; et deuxièmement, d'entrave aux luttes des travailleurs et des paysans dans le but de ne pas « effrayer » la bourgeoisie. Ceci avait été le cours préconisé jusqu'en 1917 par les mencheviks pour la révolution russe. Et les mencheviks en exil ont salué au milieu des années 20 la politique de Staline comme un tournant opportun et « marxiste » du gouvernement soviétique et du Comintern.

En septembre 1927, quelques mois après les défaites de Shanghai et de Wuhan, l'Opposition unifiée a soumis une plateforme de grande envergure au Bureau politique du Parti communiste soviétique en vue du quinzième congrès du parti [24]. Cette plateforme comportait une section qui insistait sur le besoin de revenir à une stratégie pour la révolution chinoise qui soit fondée sur les positions du parti et du Comintern sous la direction de Lénine.

Comme conséquence de la « politique fondamentalement erronée » de Staline, a noté la plateforme, « en Chine, il n'y avait pas en réalité de véritable parti bolchevique » au moment de l'affrontement décisif entre la révolution et la contre-révolution qui avait eu lieu plus tôt cette année-là. Les misleaders avaient continué à appliquer « la tactique menchevique pendant la révolution bourgeoise démocratique » en Chine en insistant sur la subordination des travailleurs et des paysans à la direction soi-disant révolutionnaire de la bourgeoisie, c'est-à-dire de son principal parti : le Kuomintang de Tchang Kaï-shek.

D'après le document, la clé véritable de la révolution chinoise consistait en deux points.

Premièrement, « la paysannerie chinoise, qui est encore plus écrasée que la paysannerie russe à l'époque du tsarisme et qui gémit sous le joug non seulement de ses propres oppresseurs mais de ceux de l'étranger, pouvait se révolter et s'est en fait révoltée plus fortement que la paysannerie russe dans la révolution de 1905. »

Deuxièmement, les événements de 1926-1927 ont confirmé « le mot d'ordre des soviets, mis en avant déjà en 1920 par Lénine pour la Chine. » En Chine, a dit la plateforme, de telles organisations de délégués basées sur les masses « pouvaient devenir un moyen de grouper, sous la direction du prolétariat, les forces de la paysannerie, devenir de véritables organes de la dictature révolutionnaire démocratique du prolétariat et de la paysannerie. » Cette dernière formule avait été utilisée par les bolcheviks dans la période de 1905 à 1917 pour décrire l'alliance des forces de classe nécessaire à la victoire de la révolution contre le tsarisme en Russie.

Par opposition à la ligne semi-menchevique, semi-bolchevique que Staline et Boukharine poursuivaient, le document de l'Opposition unifiée a dit :

> L'enseignement de Lénine dit que la révolution bourgeoise démocratique ne peut être menée jusqu'au bout que par l'alliance de la classe ouvrière et de la paysannerie (sous la direction du prolétariat) contre la bourgeoisie. Il est non seulement applicable à la Chine et aux pays coloniaux et semi-coloniaux, mais il indique le seul chemin possible pour remporter la victoire dans ces pays.

Appliquant de nouveau de façon concrète le programme de Lénine sur la question nationale et coloniale qui avait été adopté par le deuxième congrès du Comintern, la plateforme de l'Opposition unifiée a ajouté qu'« à l'époque actuelle de guerres impérialistes et de révolutions prolétariennes et étant donnée l'existence de l'URSS, » un gouvernement de soviets ouvriers et paysans en Chine aurait eu une chance de mener les masses travailleuses au cours d'une transition relativement rapide de la révolution démocratique à la révolution socialiste.

Le cours de Staline, a dit le document, s'est donc opposée à trois piliers de la politique du Comintern des premières années sur la révolution coloniale : 1. à l'émergence possible de soviets ouvriers et paysans dans des pays comme la Chine ; 2. à la nécessité de maintenir l'indépendance politique des partis communistes prolétariens dans la lutte de libération nationale ; et 3. au rôle essentiel de l'alliance des travailleurs et des paysans sous une direction prolétarienne dans la lutte à la fois contre l'impérialisme et contre les classes capitalistes de leur propre pays.

Ce programme de 1927 de l'opposition dirigée par Trotsky, Zinoviev et Kamenev a bien passé le test de l'histoire. C'était un programme dirigé contre l'impérialisme et les dirigeants bourgeois et landlordistes. Il visait à établir une direction prolétarienne de la révolution anti-impérialiste et démocratique ; à maintenir l'indépendance politique des travailleurs vis-à-vis du Kuomintang ; à sceller une alliance avec l'ensemble de la paysannerie dans la lutte contre la grande propriété foncière et la domination étrangère ; et à ouvrir aussi vite que possible la voie au prolétariat urbain, en alliance avec les travailleurs agricoles et les paysans pauvres, pour entamer les tâches socialistes de la révolution.

Cette perspective fondamentale n'a pas seulement été présentée dans les documents de l'Opposition unifiée, mais aussi dans les propres articles de Trotsky durant presque toute l'année 1927. En avril de cette année par exemple, il a écrit : « La révolution chinoise est parfaitement capable de porter au pouvoir politique une alliance des travailleurs et des paysans sous la direction du prolétariat. Ce régime constituera le lien politique de la Chine avec la révolution mondiale.

« Au cours de la période de transition, la révolution chinoise aura un véritable caractère démocratique ouvrier et paysan.

Dans sa vie économique, les rapports capitalistes marchands domineront inévitablement. Le régime politique sera avant tout dirigé de façon à assurer aux masses une part aussi grande que possible des fruits du développement des forces productives et, en même temps, de l'utilisation politique et culturelle de l'État.

« Le plus ample développement de cette perspective — la possibilité de transcroissance de la révolution démocratique en révolution socialiste — dépend complètement et exclusivement du cours de la révolution mondiale et des succès économiques et politiques de l'Union soviétique en tant que partie intégrante de la révolution mondiale. »

La voie révolutionnaire « ne peut s'ouvrir que si le prolétariat joue le rôle dirigeant dans la révolution démocratique nationale. » Ceci requiert « l'indépendance totale du Parti communiste et une lutte ouverte [...] pour la direction de la classe ouvrière et pour son hégémonie dans la révolution [25]. »

Mais à la fin de 1927 et au début de 1928, les positions de Trotsky ont commencé à changer. Il en est venu à conclure que la plateforme de l'Opposition unifiée avait traité de la révolution chinoise « sous un jour extrêmement insuffisant, incomplet et en partie complètement inexact [26]. » Dans quel contexte s'est donc produite cette évolution de la pensée de Trotsky ?

Au quinzième congrès du Parti communiste soviétique en décembre 1927, la majorité dirigée par Staline et Boukharine avait non seulement refusé de reconnaître ou de corriger ses erreurs fondamentales au sujet de la révolution chinoise, mais avait aussi expulsé l'Opposition unifiée. En réponse, Zinoviev et Kamenev ont rapidement capitulé et renié leur adhésion à la plateforme de l'Opposition.

Ces pressions ont amené Trotsky à reformuler sa position sur la Chine dans le but de rendre plus claires ses divergences avec Staline et Boukharine. Il a démontré avec justesse le danger que constituait l'abandon accéléré par la direction de Staline et Boukharine du cours révolutionnaire tracé par le Comintern du vivant de Lénine. Mais en le faisant, Trotsky a introduit un biais gauchiste erroné dans le cours alternatif qu'il a projeté pour l'Internationale communiste. Il a repris certaines des divergences qu'il avait eues avec Lénine pendant les 15 années qui ont précédé la révolution de 1917. Avant d'évaluer les nouvelles positions de Trotsky sur la Chine en 1928, il est donc utile de revoir les débats qui ont précédé 1917 dans le mouvement ouvrier russe.

Les leçons de la révolution russe

Quelles étaient les positions de Trotsky avant 1917 sur la stratégie et les alliances de classe dans la révolution russe ? On peut en trouver la présentation la plus systématique dans son ouvrage *Bilan et perspectives*, écrit en 1906, et dans plusieurs articles écrits entre 1907 et 1909 et regroupés dans le livre *1905*[27]. Ces travaux présentent les positions de Trotsky sur ce que lui-même et son collaborateur politique Alexander Helphand (Parvus) ont appelé la « révolution permanente » en Russie.

Pour Trotsky, la révolution russe était liée de façon organique à la révolution mondiale. Elle pouvait déclencher et faire progresser la révolution prolétarienne en Europe occidentale. Et la seule façon de défendre et de faire avancer une révolution en Russie, c'était de l'étendre à l'étranger. Sur ce point, Trotsky et Lénine étaient fondamentalement d'accord.

Trotsky estimait que la bourgeoisie libérale en Russie était incapable de diriger la révolution démocratique jusqu'à la victoire. L'allié de classe décisif des travailleurs, c'étaient les masses paysannes, pas les capitalistes libéraux. Là aussi, Trotsky était largement en accord avec Lénine contre les mencheviks.

Bien que la jeune classe ouvrière russe était de faible taille par rapport à l'immense majorité paysanne, Trotsky considérait néanmoins qu'elle était grande en nombre absolu et concentrée dans de grandes usines dans plusieurs villes importantes. La grande inégalité du développement dans l'histoire mondiale avait fourni dans la Russie arriérée l'occasion à la classe ouvrière de prendre le pouvoir pour la première fois et de le conserver. Pour que la révolution démocratique, croyait-il, soit victorieuse contre le tsarisme, le landlordisme, et le médiévalisme et tous ses vestiges, les travailleurs devaient d'emblée prendre le pouvoir, directement et en leur propre nom.

Nulle alliance des travailleurs et des paysans, disait Trotsky, ne pourra mener la révolution démocratique à la victoire si les travailleurs n'établissent pas eux-mêmes le pouvoir ouvrier, la dictature du prolétariat. « Si la révolution remporte une victoire décisive, » a-t-il écrit dans *Bilan et perspectives*, « le pouvoir passera à la classe qui joue le rôle dirigeant dans la lutte, en d'autres termes, à la classe ouvrière. » Le seul résultat possible sera « celui d'un gouvernement ouvrier révolutionnaire, de la conquête du pouvoir par le prolétariat russe [28]. »

Ces conceptions étaient fondamentalement différentes de celles des mencheviks et des autres partisans de la collaboration de classe. Elles traduisaient une perspective révolutionnaire.

Néanmoins, les conceptions de Trotsky n'étaient pas les mêmes que celles de Lénine et des bolcheviks. Quelles étaient ces différences ? Elles portaient avant tout sur le caractère de l'alliance que la classe ouvrière devait forger avec l'ensemble de la paysannerie en Russie. Quels étaient le poids et le rôle de cette alliance dans la stratégie d'ensemble des travailleurs pour renverser le tsarisme et le landlordisme et prendre le pouvoir ? Quel rapport existait-il entre cette alliance et la lutte des travailleurs pour leurs propres revendications de classe, ainsi que leur cours commun avec les paysans pauvres vers l'expropriation de la bourgeoisie et vers les premiers pas conduisant au socialisme ?

Lénine insistait sur le fait que, tout en n'étant pas un mot d'ordre ou une revendication, la formule de « dictature révolutionnaire du prolétariat et de la paysannerie » présentait

« une définition marxiste du contenu de classe d'une révolution victorieuse » en Russie. Ceci correspondait au programme, à la stratégie et à la tactique prolétariens des bolcheviks pour la révolution russe.

« Notre parti défend fermement l'idée selon laquelle le prolétariat doit jouer le rôle de guide dans la révolution démocratique bourgeoise, a écrit Lénine en 1909, [qu'il faut que] le prolétariat et la paysannerie agissent en commun [...] et que sans la conquête du pouvoir politique par les classes révolutionnaires, la victoire est impossible[29]. »

Dix ans plus tard, il a écrit :

> [L]e retard de la Russie a fusionné de manière originale la révolution prolétarienne contre la bourgeoisie, et la révolution paysanne contre les grands propriétaires fonciers. C'est par là que nous avons commencé en octobre 1917, et nous n'aurions pas triomphé si facilement si nous avions agi différemment. Dès 1856, Marx indiquait à propos de la Prusse la possibilité d'une combinaison originale de la révolution prolétarienne avec la guerre paysanne. Les bolcheviks, dès le début de 1905, défendaient l'idée d'une dictature démocratique révolutionnaire du prolétariat et de la paysannerie[30].

C'est avant tout autour de cette question — la place et le poids que la classe ouvrière russe devait accorder à la combinaison de « la révolution prolétarienne contre la bourgeoisie » et de « la révolution paysanne contre les grands propriétaires fonciers » — que Trotsky et Lénine sont restés séparés politiquement et c'est sur cette question que le triomphe de 1917 et les expériences révolutionnaires ultérieures ont démontré la justesse de la politique de Lénine.

Tout comme Lénine, Trotsky reconnaissait l'importance de la lutte de classe à la campagne menée par les travailleurs agricoles et les paysans pauvres contre les paysans plus aisés, qui souvent employaient de la main-d'oeuvre et donnaient des terres en location. Les travailleurs avaient un intérêt de classe à soutenir activement les paysans pauvres dans leurs luttes contre les paysans exploiteurs. Mais à la différence de Lénine, Trotsky insistait sur le fait que ces divisions de classe à la campagne excluaient toute stratégie d'alliance avec de larges couches de l'ensemble de la paysannerie russe et de leurs partis.

Les bolcheviks insistaient sur la nécessité pour le prolétariat russe et son parti d'avant-garde de rechercher une telle alliance pour faire tomber l'autocratie tsariste et le landlordisme, tout en encourageant en même temps l'organisation indépendante des travailleurs agricoles et des paysans pauvres — les alliés les plus sûrs de la classe ouvrière et les plus susceptibles de rester aux côtés des travailleurs lorsque le cours socialiste de la révolution s'approfondirait.

Trotsky avait une perception moins juste que Lénine du potentiel radicalisant des luttes paysannes dans la révolution démocratique contre le tsarisme et les vestiges féodaux en Russie. En 1915, Trotsky a engagé une polémique contre Lénine dans les pages du journal *Naché Slovo* publié à Paris.

> Aujourd'hui, en nous appuyant sur l'expérience de la révolution russe et de la réaction, nous pouvons nous attendre à voir la *paysannerie* jouer un rôle moins indépendant, encore moins décisif, dans le développement des événements révolutionnaires qu'elle ne l'a fait en 1905. Dans la mesure où la paysannerie est demeurée sous l'emprise de l'esclavage d'« état » féodal, elle continue à souffrir de désunion économique et idéologique, d'immaturité politique, et d'arriération et d'impuissance culturelles. Malgré l'opposition fondamentale de la paysannerie à l'ancien régime, dans chaque mouvement, son énergie sociale est toujours paralysée par ces faiblesses.

Ces dernières la contraignent à s'arrêter là où commence la véritable action révolutionnaire.

Les progrès économiques et culturels accomplis par la paysannerie au cours de cette période se sont effectués entièrement dans un cadre de développement bourgeois et ont accru les contradictions de classe au sein de la paysannerie elle-même. Pour le prolétariat industriel, il s'agit donc maintenant — infiniment plus qu'en 1905 — d'attirer de son côté le prolétariat rural et les éléments semi-prolétariens, plutôt que la paysannerie en tant qu'« état ». Dans ces circonstances, le mouvement révolutionnaire acquiert un caractère incomparablement moins « national » et incomparablement plus « de classe » qu'en 1905 [31].

Lénine a répondu à cet article de 1915 de Trotsky en soulignant son incapacité de reconnaître le besoin pour le prolétariat de combiner une alliance avec les masses paysannes afin de faire la révolution démocratique à la préparation de l'approfondissement du cours socialiste de la révolution une fois la victoire contre le tsar remportée.

Lénine était d'accord avec Trotsky sur le fait que « la différenciation de la paysannerie a intensifié la lutte de classe en son sein, réveillé beaucoup d'éléments politiquement assoupis et rapproché du prolétariat des villes le prolétariat rural. »

Mais en même temps, il a souligné que « l'antagonisme entre la « paysannerie » et [l'ancien régime] s'est accentué, développé, exacerbé. Cette vérité est si évidente que *même* des milliers de phrases dans les dizaines d'articles parisiens de Trotsky ne pourraient la « réfuter. »

Trotsky opposait l'alliance du prolétariat avec l'ensemble de la paysannerie à une alliance avec les paysans pauvres. Lénine de l'autre côté poursuivait un cours visant à faire avancer la classe ouvrière en suivant une ligne de marche qui la rendrait capable de diriger la révolution démocratique et d'être dans la position la plus forte possible pour avancer, à mesure que se déroulerait ce processus, vers l'expropriation des exploiteurs. À l'encontre de Trotsky, Lénine a présenté une stratégie pour la transition de la révolution démocratique à la révolution socialiste qui était basée sur une compréhension concrète des alliances de classe changeantes à chaque étape de cette gigantesque transformation politique, sociale et économique.

À la fin de sa polémique contre l'article de Trotsky, Lénine a écrit que le prolétariat

> lutte et luttera avec abnégation pour la conquête du pouvoir, pour la république, pour la confiscation des terres, c'est-à-dire pour entraîner la paysannerie, pour utiliser *à fond* ses forces révolutionnaires, pour que les « masses populaires *non* prolétariennes » aident à libérer la Russie *bourgeoise* de l'« impérialisme » *militariste et féodal* (le tsarisme). Le prolétariat mettra immédiatement à profit cet affranchissement de la Russie bourgeoise débarrassée du tsarisme et du pouvoir des grands propriétaires fonciers, non pas pour aider les paysans riches dans leur lutte contre les ouvriers agricoles, mais pour accomplir la révolution socialiste en alliance avec les prolétaires d'Europe [32].

Voilà la conception que les bolcheviks avaient des forces de classe et de la nature de la révolution russe, et la base du cours politique qui a culminé dans la victoire de 1917 sous leur direction. Elle avait été expliquée dès 1905 dans la brochure de Lénine *Deux tactiques de la social-démocratie dans la révolution démocratique* [33]. Et comme Lénine l'a souvent écrit après la victoire d'octobre 1917, elle décrivait avec justesse le déroulement et l'approfondissement de la lutte de classe en Russie une fois le pouvoir conquis par le prolétariat en alliance avec la paysannerie.

Si on la compare à la théorie de la révolution permanente défendue par Trotsky avant 1917, on voit que les bolcheviks avaient élaboré sous la direction de Lénine une compréhension beaucoup plus complexe et juste, en théorie autant qu'en pratique, de l'alliance ouvrière et paysanne contradictoire et changeante et du rapport entre les révolutions démocratique et socialiste en Russie. Pendant la quinzaine d'années qui a conduit à la révolution de 1917, les conceptions centristes de Trotsky sur les alliances et la stratégie de classe se sont souvent traduites par des positions politiques centristes. Contrairement au cours politique tracé par Lénine, celui de Trotsky n'aurait pas pu orienter le prolétariat à prendre la direction de la paysannerie dans la victoire contre le tsarisme et les classes dominantes bourgeoises et landlordistes en octobre 1917.

L'une des évaluations les plus succinctes et les plus justes des divergences entre Lénine et Trotsky avant 1917 et de leur signification du point de vue des développements ultérieurs a été fournie par Trotsky lui-même dans un discours prononcé en décembre 1926 devant le Comité exécutif du Comintern. Elle est assez semblable à d'autres choses que Trotsky a dites et écrites à partir de la fin de 1923, quand une campagne contre le « trotskysme » a été déclenchée par ceux qui voulaient fermer les esprits à la lutte politique menée à ce moment par Trotsky contre le renversement du cours de Lénine par Staline et d'autres au sein de la direction du PC russe.

Se référant à la période d'avant 1917, Trotsky a dit au Comité exécutif du Comintern en 1926 :

> Les divergences qui existaient à l'époque où je me trouvais en dehors du Parti bolchevique étaient assez importantes. En gros, elles concernaient l'évaluation concrète des rapports de classe dans la société russe et la perspective qui en découlait pour la révolution à venir.

D'un autre côté, ces divergences concernaient les méthodes et les moyens de construire le parti et leurs rapports avec le menchevisme. Sur ces deux questions, [...] tous les camarades ici présents n'ont pas eu raison contre moi, loin de là. Mais le camarade Lénine, sa doctrine et son parti, eux, ont eu absolument raison contre moi.

Plus loin dans le même discours de 1926, Trotsky a dit : « Dans la mesure où elle s'écartait de la conception léniniste, la « révolution permanente » était erronée. Mais elle n'en était pas moins en grande partie correcte et c'est ce qui a rendu possible mon adhésion au bolchevisme [34]. »

Quelles qu'aient été les faiblesses de la théorie de la révolution permanente de Trotsky par rapport au programme et à la stratégie des bolcheviks, c'était une conception que d'authentiques révolutionnaires pouvaient avoir, contrairement au programme des mencheviks. Elle se situait dans le même camp révolutionnaire que celle de Lénine. C'est ce qui a permis à Trotsky d'adhérer au Parti bolchevique au milieu de 1917 en compagnie de ses plus proches camarades, de faire partie de sa direction et de rester un bolchevik jusqu'à la fin de ses jours. La conception de Trotsky n'était pas si éloignée de la plateforme bolchevique. Pour être gagné au bolchevisme, il n'a pas eu à abandonner et à remplacer toute sa compréhension antérieure de la dynamique de classe de la révolution. On ne peut pas dire la même chose des rares mencheviks qui sont passés au parti de Lénine en 1917. Ils ont *dû* opérer une rupture fondamentale et décisive avec toute leur conception antérieure de la révolution, de ses forces de classe dirigeantes et de ses objectifs.

Mais l'autre partie de la déclaration faite par Trotsky en 1926 est également vraie. Ses divergences avec les positions de Lénine avant 1917 étaient « assez importantes » et, « dans la mesure où elle s'écartait de la conception léniniste, » sa théorie de la révolution permanente « était erronée. »

De plus, ces divergences stratégiques globales étaient liées à des positions contradictoires qui s'étaient développées pendant une quinzaine d'années sur des questions politiques importantes. Examinons certaines de ces divergences stratégiques apparues entre le déclenchement de la première guerre mondiale impérialiste, en août 1914, et le début de la révolution russe moins de trois ans plus tard, en février 1917.

Lorsque la première guerre mondiale a éclaté, Trotsky a immédiatement condamné la capitulation sociale-patriote de la majorité des dirigeants de l'Internationale socialiste, ou Deuxième Internationale ainsi qu'elle était souvent appelée, qui se sont rangés derrière « leur propre » bourgeoisie dans la guerre. Trotsky a appelé à combattre les « falsificateurs chauvins du marxisme » et à « rassembler les forces de la Troisième Internationale[35]. » Sur ces questions qui ont ouvert un abîme au sein de la Deuxième Internationale, Trotsky était solidement dans le camp révolutionnaire avec Lénine et les bolcheviks, et la gauche allemande dirigée par Rosa Luxemburg et Karl Liebknecht.

Mais les divergences de Trotsky avec Lénine ont persisté et se sont même approfondies sur certaines questions importantes. Sa position et son comportement politiques pendant les premières années de la guerre ont nui, au lieu d'aider, aux efforts des bolcheviks pour former une aile prolétarienne révolutionnaire dans l'Internationale socialiste qui rompe radicalement avec les sociaux-patriotes et forme une nouvelle Internationale révolutionnaire. Trotsky n'a pas fermement lutté avec Lénine contre le centrisme des mencheviks, qui poursuivaient un cours conciliateur à l'égard des sociaux-patriotes déclarés et espéraient faire revivre l'Internationale socialiste après le retour de la paix en Europe, ni contre les erreurs sectaires gauchistes de révolutionnaires comme Rosa Luxemburg sur la question nationale et sur la question agraire.

Reconnaissant la force de sa réponse à la guerre, les bolcheviks ont proposé en 1915 à Trotsky de collaborer avec eux à la publication d'un journal des internationalistes russes. Malgré plus d'une décennie de divergences acerbes avec Trotsky, Lénine n'a jamais été factionnel avec lui. Il a cherché avec persistance et objectivité à le gagner à une ligne révolutionnaire claire. Mais Trotsky a rejeté cette offre. Au lieu de cela, il a consacré son temps et ses efforts à la publication de *Naché Slovo* à Paris, avec un groupe se définissant lui-même de menchevik internationaliste, comme Iouli Martov, et un groupe d'anciens bolcheviks gauchistes comme Anatoli Lounatcharski, que Trotsky avait réuni en 1912 dans ce qu'on a appelé le Bloc d'août. Malgré leurs perspectives politiques divergentes, ces individus ont alors formé un pôle d'attraction alternatif au courant internationaliste intransigeant que Lénine et les bolcheviks cherchaient à construire.

Trotsky a expliqué sa décision de poursuivre ce cours dans une lettre aux termes acerbes qu'il a fait parvenir aux bolcheviks en 1915. Il y rejetait leur proposition de collaboration et caractérisait le cours des bolcheviks de factionnel et de sectaire [36]. La ligne intransigeante de Lénine, y a-t-il écrit, était un obstacle « au rassemblement réel de tous les internationalistes, quelles que soient leur origine de faction ou la nuance de leur internationalisme. » Les bolcheviks ont subordonné « la lutte contre le social-patriotisme à des considérations et à des buts » qui relèvent « d'objectifs de faction ou de groupe qui ne découlent pas des besoins du mouvement ni de la nécessité de l'influencer dans une direction internationaliste révolutionnaire. »

S'opposant à la bataille politique sans compromis que Lénine menait contre les mencheviks, Trotsky a affirmé que les actions des dirigeants mencheviques en Russie depuis l'éclatement de la guerre « représentaient sans aucun doute des pas en avant vers la précision politique et l'intransigeance révolutionnaire. » Évidemment, l'évaluation de l'activité et de la trajectoire des mencheviks par Lénine, sur laquelle s'appuyait la tactique des bolcheviks à leur encontre, s'est vue totalement confirmée après la révolution de février 1917 quand ces mêmes dirigeants mencheviques ont conspiré avec les capitalistes russes pour poursuivre la guerre et maintenir les objectifs annexionnistes du régime tsariste renversé.

En liaison étroite avec cette erreur politique, Trotsky a également rejeté la position de Lénine et des bolcheviks selon laquelle, « du point de vue de la classe ouvrière et des masses laborieuses de tous les peuples de Russie, le moindre mal serait la défaite de la monarchie tsariste[37]. » Dans la lettre de juillet 1915 déjà citée, Trotsky a soutenu que cette position défaitiste révolutionnaire « représente un accord fondamental avec la méthodologie politique du social-patriotisme. » En opposition à la ligne bolchevique, Trotsky préconisait une stratégie « de mobilisation du prolétariat sous le mot d'ordre de *lutte pour la paix* » et il défendait le mot d'ordre « ni défaite, ni victoire. »

À cause de ces divergences et de son attitude conciliatrice à l'égard des mencheviks et d'autres forces centristes, Trotsky a refusé de soutenir les documents de l'aile gauche dirigée par les bolcheviks lors de la conférence de Zimmerwald, en septembre 1915. Cette dernière avait été convoquée à l'initiative de forces dans l'Internationale socialiste qui rejetaient la position d'appui à la guerre de la majorité sociale-patriote déclarée. La gauche de Zimmerwald s'est battue pour une ligne appelant clairement à la création d'une nouvelle Internationale et la transformation par les travailleurs de tous les pays de la guerre impérialiste en guerre civile contre leurs dirigeants capitalistes. À Zimmerwald, Trotsky a adopté une position intermédiaire entre l'aile gauche dirigée par les bolcheviks et l'aile droite dirigée par les centristes allemands[38].

De plus, pendant les années de guerre, Trotsky a essayé de nager entre deux eaux dans le débat entre Lénine, qui défendait fortement le soutien du prolétariat au droit à l'autodétermination des nationalités opprimées, et Rosa Luxemburg (et d'autres révolutionnaires polonais), qui caractérisaient cette position de concession inadmissible à des sentiments nationalistes dépassés et petits-bourgeois. Tout en s'opposant dans la période d'avant 1917 à la position de Luxemburg et en prônant le soutien au droit des nations à l'autodétermination, Trotsky partageait en grande partie l'évaluation des révolutionnaires polonais selon laquelle les luttes de libération nationale avaient largement épuisé leur potentiel en tant que force de changement révolutionnaire.

Trotsky et Lénine ont ainsi répondu de façon nettement contrastée à la défaite du soulèvement de Pâques 1916 à Dublin, dirigé par des combattants de la liberté irlandais contre l'oppression coloniale britannique [39]. L'armée d'occupation a noyé dans le sang cette rébellion, dans laquelle les combattants irlandais ont rejeté l'appel à subordonner leur lutte à l'effort de guerre de l'impérialisme britannique. Elle a par la suite exécuté les dirigeants des mouvements républicain et socialiste irlandais.

Trotsky a durement condamné le massacre des « héroïques défenseurs des barricades de Dublin » perpétré par l'impérialisme britannique et son refus d'accorder l'autodétermination à l'Irlande. Mais la conclusion qu'il a tirée de l'écrasement du soulèvement de Pâques, c'était que « la base historique d'une révolution nationale a disparu, même dans l'Irlande arriérée. » Son échec était inévitable en raison de l'absence de réponse de la part des paysans irlandais, qui étaient « guidés uniquement par l'égoïsme aveugle typique des agriculteurs et par leur totale indifférence à tout ce qui se passe au delà de leur petit lopin de terre. »

Au contraire, Lénine croyait que le soulèvement de Pâques avait porté un nouveau coup à l'argument voulant que « la vitalité des petites nations opprimées par l'impérialisme est d'ores et déjà épuisée, qu'elles ne peuvent jouer aucun rôle contre l'impérialisme, qu'on n'aboutira à rien en soutenant leurs aspirations purement nationales, etc. » Il voyait dans la rébellion un nouvel exemple des

> foyers d'insurrections nationales, surgies *en liaison* avec la crise de l'impérialisme, [qui] se sont allumés *à la fois* dans les colonies et en Europe. [Elle a démontré] que les sympathies et les antipathies nationales se sont exprimées en dépit des menaces et des mesures de répression draconiennes. [...]
> Croire que la révolution sociale soit *concevable* sans insurrections des petites nations dans les colonies et en Europe, sans explosions révolutionnaires d'une partie de la petite bourgeoisie *avec tous ses préjugés*, sans mouvement des masses prolétariennes et semi-prolétariennes politiquement inconscientes contre le joug seigneurial, clérical, monarchique, national, etc., c'est *répudier la révolution sociale.*

Lénine a poursuivi, sarcastique :

> C'est s'imaginer qu'une armée prendra position en un lieu donné et dira : « Nous sommes pour le socialisme » et qu'une autre, en un autre lieu, dira : « Nous sommes pour l'impérialisme, » et que ce sera alors la révolution sociale ! [...]
> Quiconque attend une révolution sociale « pure » ne vivra *jamais* assez longtemps pour la voir. Il n'est qu'un révolutionnaire en paroles qui ne comprend rien à ce qu'est une véritable révolution.

Lénine a salué le soulèvement de Pâques comme un exemple de la puissance des mouvements nationalistes révolutionnaires, un présage des luttes et soulèvements à venir des peuples opprimés au vingtième siècle. Son évaluation a été confirmée de nombreuses fois par les décennies de luttes de libération nationale qui ont suivi, non seulement en Irlande, mais en Afrique, en Asie, en Amérique latine et parmi les nationalités opprimées des pays impérialistes.

Finalement, au cours de la guerre, Trotsky est devenu encore plus — pas moins — convaincu de l'impossibilité d'une alliance entre le prolétariat russe et de larges couches de la paysannerie. Sur cette question décisive de la révolution russe, les divergences de Trotsky avec les bolcheviks se sont creusées jusqu'à la veille de la révolution de février 1917. En janvier 1917, Trotsky a rappelé que dans la révolution de 1905 :

« Les paysans se sont soulevés et ont combattu avec adresse les propriétaires d'esclaves locaux, mais ils se sont arrêtés par respect face au propriétaire d'esclaves de toutes les Russies. [...] L'armée a été un instrument docile aux mains du tsarisme. Elle a écrasé la révolution ouvrière en décembre 1905. » De plus, a poursuivi Trotsky en répétant avec encore plus de force l'argument qu'il avait développé dans *Naché Slovo* deux ans auparavant, « il y a moins d'espoir d'un soulèvement révolutionnaire de l'ensemble de la paysannerie aujourd'hui qu'il y a douze ans [40]. »

La perspective opposée de Lénine sur cette question, basée sur l'organisation du prolétariat pour qu'il prenne la tête d'une alliance ouvrière et paysanne afin de renverser le tsarisme et le landlordisme, a passé avec succès le test de l'histoire quand la révolution a commencé à se dérouler moins d'un mois après que Trotsky ait écrit ces mots.

Le travail de Trotsky suite à la révolution d'octobre 1917 en tant que dirigeant central du Parti communiste russe et du Comintern a supplanté ces conceptions erronées antérieures, de la même façon que ces leçons et ces expériences ont enrichi, corrigé et supplanté les conceptions antérieures de la plupart de ceux qui les ont vécues. La direction russe a fonctionné dans des conditions extrêmement difficiles d'intervention impérialiste, de blocus, de guerre civile et de tous les ravages qu'ils ont causés. Elle a travaillé ensemble pour expliquer, défendre et élargir le programme et la stratégie élaborés par l'Internationale communiste au cours de ses cinq premières années. Dans ce travail collectif, des divergences ont parfois surgi, parfois importantes comme autour de la paix de Brest-Litovsk en 1918, du débat sur les « syndicats » en 1921, etc. Mais il n'y a pas eu de différenciation fondamentale. Les dirigeants bolcheviques ont fonctionné comme un cadre politiquement homogène.

Mais après la maladie fatale de Lénine, avec l'ouverture de la lutte pour continuer d'appliquer la politique du Comintern, ceux qui abandonnaient ce cours révolutionnaire ont créé un écran de fumée dans le but de détourner le débat qui avait lieu dans la direction du PC soviétique vers le terrain des erreurs du cours politique de Trotsky avant la révolution. Staline, Boukharine et leurs partisans ont tiré de leur contexte historique des déclarations de Lénine sur Trotsky et ont ensuite utilisé l'étiquette de « trotskysme » contre tous ceux dans la direction bolchevique qui se battaient pour maintenir le programme de Lénine et du Comintern.

Comme nous l'avons déjà vu, Trotsky ne niait pas qu'il ait eu tort avant 1917 face aux bolcheviks sur des questions politiques et stratégiques centrales. Dans son article de 1924 intitulé « Nos divergences, » il a écrit que dans le contexte du mouvement ouvrier russe, il avait joué un rôle centriste.

> Mon « esprit de conciliation » m'a conduit lors de nombreux tournants brusques à des affrontements hostiles avec le bolchevisme. La lutte de Lénine contre le menchevisme a inévitablement été complétée par une lutte contre l'« esprit de conciliation, » auquel on donnait souvent le nom de « trotskysme ». […]
>
> Il ne me viendrait même jamais à l'esprit, longtemps après les faits, de mettre en cause la justesse de principe et l'immense clairvoyance historique de la critique menée

par Lénine de l'« esprit de conciliation » russe, qui dans ses traits essentiels s'apparentait au courant international du centrisme [41].

L'étiquette de « trotskysme » a été accolée à Trotsky dans le but de fermer les esprits à sa défense du bolchevisme et de camoufler la montée de quelque chose de tout à fait réel : le « stalinisme », se présentant faussement comme du « léninisme ».

Mais après l'exclusion de l'Opposition unifiée à la fin de 1927 et la capitulation de Kamenev et Zinoviev devant Staline, Trotsky a commencé à changer la manière dont il expliquait ses divergences avec Lénine avant 1917. Tout en continuant à reconnaître que son attitude conciliatrice à l'égard des mencheviks avait été une erreur politique sérieuse, Trotsky a commencé à soutenir qu'il avait eu raison sur certaines questions stratégiques importantes, en particulier celles associées à sa théorie de la révolution permanente. À mon avis, ce changement a initié un processus où s'est brouillée la ligne de la continuité révolutionnaire issue du programme et de la stratégie du Comintern.

Ce changement de Trotsky s'est principalement produit dans le contexte du débat continu dans la direction du PC soviétique sur les perspectives de la révolution chinoise et sur les racines de la défaite de 1927. Staline ne pouvait pas ouvertement reconnaître sa rupture avec les positions de Lénine. Avant comme après la défaite de 1927, lui et Boukharine ont donc déguisé leurs positions semi-mencheviques sur le Kuomintang et le « bloc des quatre classes » en Chine en prétendant qu'ils ne faisaient qu'appliquer la formule de Lénine sur la dictature démocratique révolutionnaire du prolétariat et de la paysannerie. Ils ont soutenu qu'en appelant à l'organisation de soviets de travailleurs et de paysans en Chine, l'Opposition unifiée commettait en réalité l'erreur gauchiste de ne pas reconnaître le caractère démocratique de la révolution dans ce pays. Ceci, ont-ils prétendu, était une preuve du « trotskysme » de l'Opposition unifiée.

Sous la direction de Trotsky, Zinoviev et Kamenev, l'Opposition unifiée a réfuté cette accusation dans sa plateforme déjà citée de septembre 1927. « Se moquant des enseignements de Lénine, Staline a essayé de prouver que le mot d'ordre des soviets en Chine signifiait « lancer le mot d'ordre du passage à la dictature du prolétariat, » tandis qu'en réalité Lénine a lancé pendant la révolution de 1905 le mot d'ordre des soviets comme organes de la dictature démocratique des travailleurs et des paysans [42]. »

Avant 1928, Trotsky avait également démenti cette accusation. En mai 1927 par exemple, il avait écarté « cette affirmation insensée [attribuée à l'Opposition], que la Chine serait dès aujourd'hui à la veille d'une dictature socialiste du prolétariat. » En vérité, a-t-il écrit, l'Opposition défendait la position de Lénine selon laquelle la révolution démocratique victorieuse, « dans des circonstances favorables, se transformerait peu à peu en révolution socialiste [43]. »

Cependant, au cours des derniers mois de 1927 et au début de 1928, alors que Staline déversait un contenu opportuniste dans les formules et les mots d'ordre de Lénine, Trotsky est devenu de plus en plus convaincu que l'application de la formule de « dictature démocratique révolutionnaire du prolétariat et de la paysannerie » à la révolution chinoise ne pouvait servir que de pont vers des positions mencheviques.

Trotsky a présenté sa nouvelle évaluation de ces questions et de leur rapport avec les erreurs commises en Chine dans la critique qu'il a faite en 1928 du cours désastreux de Staline et Boukharine [44]. Il avait préparé ce document pour le sixième congrès du Comintern alors qu'il était en exil intérieur en Asie centrale soviétique sous les ordres de Staline. Non seulement Trotsky s'est-il fait interdire de participer au congrès, mais ses critiques y ont aussi été censurées. Quelques exemplaires de son document ont toutefois été distribuées aux membres de la commission chargée d'étudier le projet de programme du Comintern.

Dans ce texte, Trotsky n'insistait pas encore comme il allait le faire dans les années 30 sur la justesse de sa propre théorie de la révolution permanente d'avant 1917, telle qu'il l'avait appliquée à la *révolution russe*. C'est ainsi qu'il y a écrit que « le mythe de la « révolution permanente » de 1905 [...] fut mis en circulation en 1924 [par ceux qui étaient en désaccord avec lui au sein de la direction du PC soviétique] pour semer le trouble et dérouter. »

En fait, le document de Trotsky de 1928 a présenté une description de la formule de dictature démocratique révolutionnaire des bolcheviks qui correspondait généralement aux explications de Lénine en 1917 et après. Ainsi :

> À partir d'avril 1917, Lénine expliquait à ses adversaires, qui l'accusaient d'être passé à la « révolution permanente, » que la dictature du prolétariat et de la paysannerie s'était déjà réalisée, en partie, à l'époque de la dualité de pouvoir entre [février et octobre 1917]. Plus tard, il a précisé que cette dictature avait trouvé son prolongement durant la première période du pouvoir des soviets, lorsque la paysannerie entière réalisait avec les travailleurs la révolution agraire, tandis que la classe ouvrière ne procédait pas encore à la confiscation des fabriques et des usines et faisait l'expérience du contrôle ouvrier.

Alors que telle avait été la dynamique de la lutte révolutionnaire en Russie, Trotsky était cependant convaincu que l'on ne pouvait s'attendre à rien de comparable en Chine. « *Il n'y a pas* et [...] *il n'y aura pas* d'autre « dictature démocratique » que celle que le Kuomintang exerce depuis 1925. »

Contrairement à la situation qui prévalait en Russie tsariste, a poursuivi Trotsky, il n'y a pas en Chine de caste de propriétaires terriens féodaux s'opposant à la bourgeoisie. L'exploiteur le plus commun et le plus haï dans les campagnes est le koulak-usurier, l'agent du capitalisme financier des villes. Aussi la révolution agraire a-t-elle un caractère antiféodal tout autant qu'antibourgeois.

En Chine, il n'y aura pas ou presque pas d'étape semblable à la première étape de notre révolution d'octobre, durant laquelle le koulak [le paysan riche] marchait avec les paysans moyens et pauvres, et souvent à leur tête, contre le propriétaire foncier. [...] Si chez nous les comités de paysans pauvres ne sont intervenus que lors de la seconde étape de la révolution d'octobre, vers le milieu de 1918, au contraire en Chine, ils apparaîtront sur la scène, sous quelque aspect que ce soit, aussitôt que le mouvement agraire renaîtra. La « dékoulakisation » sera en Chine le premier et non le second pas de l'octobre chinois.

Ici, comme il l'avait fait avant 1917 par rapport à la Russie, Trotsky a reconnu un élément crucial de la lutte de classe en Chine : celui de la lutte des paysans pauvres contre les paysans riches. Mais il l'a fait sans voir le besoin pour le prolétariat de forger une alliance avec les couches les plus larges possibles de la paysannerie pour réaliser la révolution démocratique et ouvrir la voie à la révolution socialiste. En expliquant les conséquences désastreuses de l'orientation opportuniste de Staline en Chine et en luttant pour la renverser, Trotsky a télescopé les phases de la révolution chinoise.

Une des affirmations centrales de son document de 1928, c'est que « malgré son grand retard, ou plutôt à cause de ce retard, la Chine ne connaîtra pas, à la différence de la Russie, de période « démocratique », ne serait-ce que pour une durée de six mois, comme ce fut le cas de novembre 1917 à juillet 1918 lors de la révolution d'octobre ; dès le début, elle devra opérer le grand bouleversement et supprimer la propriété bourgeoise dans les villes et les campagnes. »

Le cours concret des événements en Chine montre à quel point était erronée l'idée de Trotsky selon laquelle l'abolition en Chine de la propriété bourgeoise à la ville et à la campagne serait possible immédiatement après la prise du pouvoir par les travailleurs et les paysans pauvres. Ainsi que nous le savons, à la suite de la victoire de la révolution chinoise en 1949, il y a effectivement eu une période comparable à celle qui a existé entre novembre 1917 et juillet 1918 en Russie. En fait, cette période a été plus longue en Chine qu'en Russie soviétique, qui avait été contrainte par la guerre civile et l'intervention impérialiste d'abréger la transition.

Aussi bien avant qu'après la victoire de 1949 sur Tchang Kaï-shek, les travailleurs et paysans chinois ont payé très cher le misleadership maoïste de leurs luttes. Mais même s'il y avait eu une direction prolétarienne et marxiste à leur tête, une période de transition aurait été nécessaire pour préparer les travailleurs et les paysans pauvres à exproprier les exploiteurs et commencer à organiser la production sur une base entièrement nouvelle. Ainsi que nous l'avons vu dans les révolutions qui ont suivi, ceci n'est pas un processus instantané.

En luttant contre les erreurs droitières de Staline, Trotsky a introduit des erreurs gauchistes en 1928. Tout en ne remettant pas en question la stratégie des bolcheviks d'avant 1917 telle qu'elle a été appliquée à la Russie, il a repris en fait sa propre position d'avant 1917 et rejeté une alliance avec l'ensemble de la paysannerie dans la révolution démocratique. Il l'a alors appliquée à la Chine et, par voie de conséquence, à d'autres pays coloniaux. Son document de 1928 ne contient aucun concept d'un régime ou d'une période de transition basés sur cette alliance ouvrière et paysanne. Il n'avance aucune stratégie permettant aux travailleurs chinois d'acquérir de l'expérience et de diriger leurs alliés les plus sûrs, les travailleurs agricoles et les paysans pauvres, dans l'expropriation des exploiteurs et l'établissement de nouveaux rapports de production basés sur la propriété d'État et la planification.

Complètement à l'opposé de ce rejet de toute période ou de tout régime de transition dans son document de 1928, Trotsky avait écrit en 1922 qu'un gouvernement « semblable au nôtre en Russie lorsque nous avons créé un gouvernement ouvrier et paysan avec les socialistes-révolutionnaires de gauche [...] constituerait une transition à la dictature du prolétariat, pleine et entière [45]. »

En 1928, Trotsky s'éloignait des conceptions que lui et Lénine avaient partagées depuis les premières années de la révolution russe, non seulement sur le rapport entre les révolutions démocratique et socialiste dans les pays coloniaux, mais aussi sur une autre question de stratégie révolutionnaire qui y était liée. En 1922 au quatrième congrès du Comintern, Lénine et Trotsky avaient expliqué qu'une Nouvelle politique économique (NEP), c'est-à-dire une période d'économie mixte d'un certain type, serait la *norme* à la suite d'une victoire révolutionnaire des travailleurs alliés aux paysans en révolte.

C'étaient uniquement « les exigences implacables de la guerre civile, » avait dit Trotsky à ce congrès, qui avaient obligé la république soviétique à « exproprier la bourgeoisie d'un seul coup, à détruire l'appareil économique bourgeois et à le remplacer précipitamment par l'appareil du communisme de guerre [46]. » Les travailleurs et les paysans l'ont payé très cher, ainsi que l'ont tous les deux expliqué Lénine et Trotsky.

Mais en 1928, Trotsky en était non seulement venu à s'attendre à une transition aussi précipitée — « d'un seul coup » — pour la révolution en Chine, mais à la préconiser et ceci, dans un pays où les rapports sociaux précapitalistes constituaient un poids encore plus lourd que dans la Russie tsariste.

En 1922, parlant du mot d'ordre de gouvernement ouvrier et paysan qui avait été discuté au quatrième congrès du Comintern, Trotsky avait aussi expliqué que « pour nous son immense valeur » est le fait que ce soit une « étape vers la dictature du prolétariat [47]. »

C'est à la critique du cours antimarxiste de Staline faite par Trotsky en 1928, avec ses faiblesses gauchistes, que le mouvement international dont fait partie le Parti socialiste des travailleurs fait remonter sa naissance en tant que courant politique international organisé. C'est ce document-là, et non la plateforme précédente de l'Opposition unifiée, que James P. Cannon et Maurice Spector ont obtenu lorsqu'ils ont assisté au sixième congrès du Comintern en 1928. Et c'est autour de ce document-là que les premiers cadres de notre mouvement en Amérique du Nord et au niveau international ont par la suite été rassemblés et éduqués.

Nous continuons de nous appuyer sur le noyau politique de ce document et d'apprendre de lui chaque fois que nous l'étudions. Il s'agit d'une défense vigoureuse de la conception prolétarienne et internationaliste de Marx, Engels et Lénine contre le cours de Staline pour l'abandonner et lui substituer une perspective nationaliste russe étroite, reflétant les intérêts de la bureaucratie privilégiée en train de se cristalliser.

Parlant du programme de fondation du Parti communiste de Cuba lors de son premier congrès en 1975, Fidel Castro a dit que « la politique extérieure de Cuba a pour axiome la subordination des positions cubaines aux nécessités internationales de la lutte pour le socialisme et pour la libération nationale des peuples [48]. » C'était la position que Trotsky s'efforçait en 1928 de faire revivre comme point de départ du Parti communiste soviétique et du Comintern.

Le document de Trotsky de 1928 a correctement rejeté le cours de Staline vers la subordination du prolétariat et de la paysannerie chinois au misleadership du Kuomintang bourgeois, une politique qui avait conduit à des défaites écrasantes l'année précédente.

Mais comme nous l'avons vu, ce document contenait aussi des faiblesses gauchistes. Notre mouvement a aussi été formé sur ces sections du document. Trotsky a corrigé par la suite en pratique la plupart de ces erreurs. Mais ni Trotsky de son vivant ni, à ma connaissance, personne dans la direction de notre mouvement n'a jamais jusqu'ici remis en question ces sections. Nous n'en avons jamais parlé comme contraires à notre cours général, ce qu'elles sont. Elles s'opposent à notre continuité programmatique avec Lénine. Et elles s'opposent aux leçons qu'on peut tirer des révolutions concrètes qui ont été dirigées par des révolutionnaires prolétariens depuis la deuxième guerre mondiale.

Le problème que ceci nous pose, à nous communistes des années 80, ce n'est pas simplement le fait que nous avons trébuché sur une quelconque inconséquence historique ou théorique. Le problème, c'est que le cours réel de la lutte de classe révolutionnaire nous a convaincus que nous devons reconquérir pleinement le programme et la stratégie des premières années du Comintern. Ceux-ci ont incorporé et enrichi le cours de Lénine que les bolcheviks ont mis en pratique et qui a culminé dans la victoire d'octobre 1917.

Mais nous n'arriverons pas à le faire si nous ne séparons pas le noyau central de notre continuité politique du biais gauchiste qui y a été introduit par le côté erroné des conceptions que Trotsky avait avant 1917, y compris celles qu'il a ranimées dans son document de 1928. Nous devons expliquer en toute vérité, franchement, sans excuses intéressées et jusqu'au bout la place qu'occupe Trotsky dans la continuité révolutionnaire que nous faisons passer par Marx, Engels, Lénine, le Parti bolchevique et les quatre premiers congrès de l'Internationale communiste.

Notre réponse, à mon avis, doit être que Trotsky trouve sa place dans notre continuité programmatique révolutionnaire à partir du milieu de 1917, lorsqu'il a commencé à agir comme membre de l'équipe bolchevique qui a organisé la révolution d'octobre 1917. Auparavant, bien sûr, Trotsky était déjà un révolutionnaire qui avait joué un rôle important et courageux dans la révolution de 1905 et dans d'autres batailles du mouvement ouvrier russe. Dans ce sens plus large, il fait partie de notre continuité révolutionnaire au même titre que Rosa Luxemburg et bien d'autres combattants et dirigeants révolutionnaires.

Mais nous parlons de quelque chose de plus spécifique : de notre continuité programmatique. De ce point de vue, Trotsky trouve sa place lorsqu'il devient un bolchevik. C'est là où commence notre Trotsky.

Un héritage programmatique irremplaçable

Le Comité central du Parti bolchevique était le résultat d'une fusion réussie de forces dans ce parti au cours des mois qui ont précédé octobre 1917. De concert avec Lénine et sous sa direction, Trotsky a aidé à développer nombre des orientations stratégiques et programmatiques du Comintern, du Parti communiste soviétique et de l'État soviétique. En réussissant à intégrer Trotsky dans la direction du Parti bolchevique, Lénine a accompli un exploit important. Cette réussite a non seulement profité à la révolution, mais comme il s'est avéré plus tard, Lénine a fait entrer dans la direction soviétique centrale le seul membre capable après 1928 de continuer la lutte pour maintenir le cours bolchevique.

En 1933, après la dévastatrice prise du pouvoir par Hitler en Allemagne et l'incapacité du Comintern de l'empêcher, il est devenu évident qu'il n'était plus possible de réformer l'Internationale communiste dirigée par Staline. Il fallait une nouvelle Internationale. Trotsky a cependant insisté sur le fait qu'il n'y avait pas de nécessité parallèle de poser de nouveaux fondements théoriques et de développer un nouveau programme et une nouvelle stratégie.

Au cours des années 30, Trotsky a écrit sur la révolution coloniale, le combat des Noirs, la lutte contre le fascisme en Allemagne et en Espagne, sur la manière dont le mouvement ouvrier peut développer un programme et une stratégie de transition et sur la prolétarisation du mouvement communiste. Il s'agissait dans tous les cas d'aspects de sa lutte pour défendre et maintenir le terrain politique conquis par le

Comintern au cours de ses cinq premières années. Évidemment, maintenir ces acquis voulait dire tenter de les mettre en pratique et de les enrichir à la lumière des nouvelles expériences dans la lutte de classe.

On peut avoir un aperçu de l'approche de Trotsky par rapport à l'héritage du Comintern au cours de cette période dans un incident décrit dans un livre écrit il y a plusieurs années par Jean Van Heijenoort, un des secrétaires de Trotsky de 1932 à 1939 [49]. Van Heijenoort se rappelle que lorsque Trotsky est arrivé à la conclusion qu'il fallait une nouvelle Internationale, une des premières choses qu'il a faite, ça a été de demander à Van Heijenoort et à un autre secrétaire — Pierre Frank, qui contrairement à Van Heijenoort demeure un révolutionnaire dans la Quatrième Internationale aujourd'hui — de rassembler toutes les thèses et résolutions adoptées par les quatre premiers congrès du Comintern. Trotsky était déterminé à proposer que ces documents soient les fondements du programme de la nouvelle Internationale.

Voici ce que Trotsky lui-même avait à dire sur cette question en août 1933, le mois où a été prise la décision formelle de projeter un cours vers une nouvelle Internationale :

> Les [quatre] premiers congrès de l'Internationale communiste nous ont laissé un héritage programmatique inappréciable : la caractérisation de l'époque contemporaine comme époque de l'impérialisme, c'est-à-dire du déclin du capitalisme ; la nature du réformisme contemporain et les méthodes de lutte contre lui ; les rapports entre démocratie et dictature prolétarienne ; le rôle du parti dans la révolution prolétarienne ; les rapports entre le parti et la petite bourgeoisie, avant tout la paysannerie (la question agraire) ; le problème national et la lutte des peuples coloniaux pour leur émancipation ; le travail dans les syndicats ; la politique du front unique ; l'attitude vis-à-vis du parlementarisme, etc., toutes ces questions

ont fait l'objet, au cours du travail des quatre premiers congrès, d'une analyse de principe qui est restée inégalée jusqu'à maintenant.

Et Trotsky de poursuivre :

> Une des premières tâches les plus pressantes pour les organisations qui inscrivent sur leur drapeau la régénération du mouvement révolutionnaire consiste à dégager les décisions de principe des quatre premiers congrès, à les ériger en système et à les soumettre à un examen sérieux à la lumière des tâches à venir du prolétariat [50].

À peu près à cette époque, en décembre 1933, la direction de l'Opposition de gauche internationale en Europe, où Trotsky vivait en exil, a envoyé une lettre à la Ligue communiste d'Amérique (Communist League of America — CLA), un des prédécesseurs du SWP, nous demandant d'envisager la publication des textes des quatre premiers congrès du Comintern. Le Comité national de la CLA a voté en faveur du projet et a demandé à Trotsky d'écrire une introduction. Mais le projet n'a jamais été réalisé.

La nouvelle Internationale n'avait pas de nouveau nom. On l'appelait simplement la Quatrième Internationale, le parti mondial de la révolution socialiste. Elle avait pour but de contribuer au processus de construction d'un parti mondial de masse, une Internationale prolétarienne révolutionnaire comme celle que le Comintern s'était fixé la tâche de construire.

Trotsky a rédigé son document de fondation, qui est maintenant connu sous le nom de programme de transition. Il y a expliqué que depuis 1917, il y a trois secteurs de la révolution mondiale : non seulement les pays impérialistes et les pays opprimés du monde colonial et semi-colonial, mais aussi un État ouvrier.

En 1938 il n'y avait qu'un seul État ouvrier, l'Union soviétique. La révolution qui avait donné naissance à cet État avait dégénéré. Une caste bureaucratique avait usurpé le pouvoir politique de la classe ouvrière et les travailleurs devaient remplacer cette couche privilégiée au cours d'une révolution politique. Mais la Quatrième Internationale défendait inconditionnellement cet État ouvrier — cette gigantesque conquête du prolétariat mondial — contre l'impérialisme et la restauration capitaliste. Une résolution de sa conférence extraordinaire de mai 1940 a déclaré :

> Le travailleur conscient sait qu'une lutte victorieuse pour l'émancipation totale est inconcevable si l'on ne défend pas les conquêtes déjà acquises, si modestes qu'elles puissent être. La défense de cette colossale conquête qu'est l'économie planifiée contre la restauration des rapports de production capitalistes est par conséquent d'autant plus obligatoire. Ceux qui ne peuvent défendre les anciennes positions n'en conquerront jamais de nouvelles [51].

Même si chacun d'entre eux a d'importants problèmes stratégiques qui lui sont propres, Trotsky considérait les trois secteurs de la révolution mondiale comme faisant partie d'un seul processus complexe et contradictoire de lutte de classe contre les classes dominantes impérialistes et leur système international d'exploitation et d'oppression. Bien que le programme et la stratégie pour chaque secteur diffèrent en fonction des rapports de propriété et de classe qui y prévalent, le prolétariat révolutionnaire des trois secteurs est uni autour de l'objectif primordial commun qui est de renverser l'impérialisme mondial.

Le dernier combat politique de Trotsky avant sa mort en 1940 de la main des assassins de Staline a été dirigé contre ceux, dans la Quatrième Internationale, qui cédaient à la pression impérialiste et à l'opinion de la petite bourgeoisie radicale en abandonnant la défense de l'État ouvrier soviétique — démoralisés par l'approche de la guerre mondiale, désorientés par les crimes de Staline et opposés à un tournant vers la classe ouvrière industrielle. Trotsky a insisté sur le fait que ces gens, qu'il a correctement décrits comme l'« opposition petite-bourgeoise, » avaient abandonné la perspective d'une lutte intégrée et mondiale contre l'impérialisme. Ils avaient perdu de vue le fait que la lutte contre la bureaucratie stalinienne en URSS, bien qu'elle soit un élément de la lutte anticapitaliste mondiale, était en même temps subordonnée à la défense des conquêtes ouvrières contre l'impérialisme. Ainsi que Trotsky l'a écrit à la fin de 1939 :

> Nous devons formuler nos mots d'ordre de manière que les travailleurs voient clairement ce que nous défendons précisément en URSS (la propriété d'État et l'économie planifiée) et contre quoi nous luttons sans merci (la bureaucratie parasitaire et son Comintern). Nous ne devons pas perdre de vue un instant le fait que la question du renversement de la bureaucratie soviétique est pour nous subordonnée à la question de la préservation de la propriété étatique des moyens de production en URSS et que la préservation de la propriété des moyens de production en URSS est subordonnée pour nous à la révolution prolétarienne internationale [52].

Poursuivant le chemin frayé par l'Internationale communiste, Trotsky était aussi fermement décidé à construire un véritable mouvement révolutionnaire *mondial*. Une résolution de 1940 de la Quatrième Internationale a expliqué qu'avec la lutte de la classe ouvrière des pays impérialistes, la lutte pour la libération nationale « représente l'une des deux grandes forces progressistes de la société moderne [53]. »

Trotsky a écrit : « Nous pouvons et nous devons trouver une voie vers la conscience des travailleurs noirs, des travailleurs chinois, des travailleurs indiens et de tous les opprimés dans l'océan humain des races de couleur, à qui incombe le mot décisif dans le développement de l'humanité [54]. »

À l'occasion du quatre-vingt-dixième anniversaire du *Manifeste du Parti communiste,* Trotsky a souligné : « Le mouvement des races de couleur contre leurs oppresseurs impérialistes est l'un des mouvements les plus puissants et les plus importants contre l'ordre social existant et c'est pourquoi il lui faut le soutien complet, sans conditions et sans bornes du prolétariat de race blanche. Le mérite d'avoir développé la stratégie révolutionnaire des peuples opprimés revient surtout à Lénine [55]. »

Trotsky a également poursuivi le travail entrepris par le Comintern d'éducation des révolutionnaires des États-Unis sur le caractère central de la lutte pour l'autodétermination des Noirs et sur le rôle d'avant-garde des travailleurs noirs dans la lutte de classe. Les transcriptions des discussions qu'il a eues à ce sujet avec des dirigeants de notre mouvement dans les années 30 sont rassemblées dans le livre *Leon Trotsky on Black Nationalism and Self-Determination* [Léon Trotsky sur le nationalisme et le droit à l'autodétermination des Noirs] [56].

C'est au cours d'une de ces discussions que Trotsky a bien fait comprendre, dans un langage très frappant, avec quel esprit intransigeant un mouvement ouvrier de masse révolutionné ferait face au racisme et à la violence raciste dans ce pays : pour chaque lynchage, 10 ou 20 lyncheurs seraient lynchés.

Pendant les dernières années de sa vie, Trotsky a aussi mené une bataille politique au sein de la Quatrième Internationale pour prolétariser ses différents partis nationaux, pour les convaincre de tourner l'ensemble de leur direction et de leurs membres vers la classe ouvrière industrielle. « Le grief inlassablement répété de Trotsky contre les groupes trotskystes, c'était leur mauvaise composition sociale, » rappelle son ancien secrétaire Van Heijenoort. « Trop d'intellectuels, pas assez d'ouvriers [57]. »

Il était absolument essentiel de modifier cette composition sociale, a insisté Trotsky, aussi bien pour profiter des occasions créées par la radicalisation des travailleurs sous les coups de massue de la crise capitaliste internationale des années 30 que pour résister aux intenses pressions exercées sur les travailleurs et leurs alliés à l'approche de la guerre mondiale impérialiste.

Trotsky pensait que le poids des éléments petits-bourgeois dans la Quatrième Internationale était responsable du développement du courant qui rejetait la défense de l'Union soviétique.

Dans la construction du parti comme pour d'autres questions, Trotsky s'appuyait sur les leçons qu'il avait apprises de Lénine en luttant pour la construction de partis qui soient prolétariens dans leur composition et leur direction et qui fassent partie d'une Internationale communiste de masse. C'était l'objectif de Trotsky.

Les conditions dans lesquelles notre mouvement a lutté pour cet objectif sont devenues de plus en plus dures au cours des années 30, à mesure que notre classe subissait des coups considérables : la victoire du fascisme en Allemagne et en Espagne et la mainmise des staliniens et des sociaux-démocrates sur les organisations ouvrières de masse. Ces défaites, qui ont culminé dans la deuxième guerre mondiale, ont fait payer un prix énorme au mouvement ouvrier international.

Tout au long des années 30, notre mouvement a répondu à chaque signe de résistance prolétarienne au sein des organisations ouvrières traditionnelles en cherchant à se lier aux forces qui progressaient vers le communisme. À la fin de la décennie, des gains importants avaient été réalisés et certains obstacles centristes dégagés de la voie. Mais aucun courant avec un soutien de masse ne s'était engagé dans une direction révolutionnaire. Condamné à mort par Staline au cours des dernières années de sa vie, Trotsky a écrit dans le programme fondateur de la nouvelle Internationale qu'en dehors de nos quelques cadres, « il n'existe pas sur cette planète un seul courant révolutionnaire qui mérite réellement ce nom [58]. » C'était la réalité en 1938.

Mais Trotsky n'a jamais perdu confiance dans la classe ouvrière. Sa confiance était enracinée dans sa perspective matérialiste, dans sa compréhension marxiste du monde, confirmée par sa propre expérience de la révolution d'octobre en Russie. La grande majorité des cadres prolétariens de l'Opposition de gauche internationale adhérait fermement aussi à cette perspective révolutionnaire. Mais on ne peut pas dire la même chose de tous ceux qui étaient autour ou à l'intérieur du mouvement trotskyste à cette époque.

Prenons l'exemple de Jean Van Heijenoort, qui a écrit le livre *Sept ans auprès de Léon Trotsky* que j'ai déjà cité. En 1948, il a tourné le dos au marxisme et au mouvement communiste. À la fin de son livre, Van Heijenoort explique son évolution politique après avoir quitté l'équipe de Trotsky en 1939.

> Après la mort de Trotsky, je militai pendant sept ans dans le mouvement trotskyste. En 1948, les conceptions marxistes-léninistes sur le rôle du prolétariat et sa capacité politique me parurent de plus en plus en désaccord avec la réalité. C'est aussi à ce moment-là que fut connue, de ceux qui voulaient bien ne pas fermer les yeux ni se boucher les oreilles, toute l'étendue de l'univers concentrationnaire stalinien. Sous ce choc, je me mis à réexaminer le passé et j'en vins à me demander si les bolcheviks, en établissant un régime policier irréversible, en oblitérant toute opinion publique, n'avaient pas préparé le terreau sur lequel avait poussé l'énorme champignon vénéneux du stalinisme. […] L'idéologie bolcheviste était, pour moi, en ruines [59].

Ce qui est certain, c'est que Van Heijenoort était politiquement en ruines. Dans le cas de l'idéologie bolchevique, c'est une autre question.

Ce qui est très révélateur dans ce passage, ce sont les deux choses dont Van Heijenoort se souvient comme étant la cause de sa rupture avec le marxisme.

Premièrement, il ne pouvait maintenir son engagement à défendre l'Union soviétique comme une conquête des travailleurs du monde, quelle que soit l'ampleur des problèmes de mauvaise gestion bureaucratique. Il est devenu plutôt convaincu que la révolution d'octobre, le bolchevisme et Lénine étaient eux-mêmes la source du problème.

Deuxièmement, Van Heijenoort a dit qu'il avait accordé 100 ans exactement à la classe ouvrière pour produire le socialisme. C'était suffisant. En 1948, il était devenu convaincu que les travailleurs ne pouvaient rien accomplir et n'accompliraient rien dans l'histoire.

Comme plusieurs autres comme lui, Van Heijenoort a ainsi tourné le dos aux deux conquêtes les plus importantes de l'expérience du Comintern, du Parti bolchevique et de Lénine — s'il faut en dégager deux — que Trotsky s'est efforcé de développer et d'inculquer aux jeunes travailleurs gagnés à la Quatrième Internationale.

Voilà donc *notre* Trotsky, celui qui a poursuivi et enrichi la continuité révolutionnaire du communisme. Le Trotsky qui à partir du milieu de 1917 a été un dirigeant du Parti communiste soviétique, un membre de la direction russe de l'Internationale communiste, un des dirigeants centraux de l'État soviétique et le chef de l'Armée rouge.

Et le Trotsky qui, avec d'autres dirigeants communistes russes dans les années 20, a fait partie de la lutte pour renverser l'abandon du cours révolutionnaire tracé quand Lénine vivait toujours. Le Trotsky qui, seul dans les années 30 parmi les bolcheviks qui avaient dirigé l'Internationale communiste au cours de ses cinq premières années, a continué le combat pour défendre et étendre la révolution socialiste mondiale et construire des partis communistes prolétariens faisant partie d'un mouvement international.

Tandis que Trotsky luttait pour poursuivre le programme et la stratégie de Lénine et du Comintern pendant son ultime exil au cours des douze dernières années de sa vie, il en est simultanément venu à insister sur ce qu'il considérait comme le caractère erroné de la formule de la dictature démocratique révolutionnaire du prolétariat et de la paysannerie utilisée par Lénine avant 1917 en Russie et sur la justesse de sa propre alternative pendant les mêmes années.

Dans d'importants articles comme « Trois conceptions de la révolution russe [60], » écrit dans la dernière année de sa vie, et dans plusieurs autres écrits des années 30, Trotsky a soutenu que les événements de 1917 avaient montré dans la pratique que la véritable continuité du programme et de la stratégie du Parti communiste russe et du Comintern remontait à la théorie de la révolution permanente qu'il avait défendue avant la révolution. Dans le contexte des développements mondiaux des années 30, Trotsky croyait que la formule de Lénine laissait par trop la porte ouverte à des erreurs d'interprétation, ce qui facilitait l'influence de la politique stalinienne de collaboration de classe dans les rangs du mouvement communiste mondial.

Au cours de son dernier exil, Trotsky a reconnu que les événements de 1917-1918 avaient démontré l'inexactitude de certaines des caractérisations contenues dans ses écrits antérieurs à 1917 sur la dynamique de classe de la révolution russe. Mais il a insisté sur le fait que ces caractérisations étaient la conséquence d'excès polémiques inévitables dans tout débat politique, et non pas des faiblesses fondamentales de sa théorie de la révolution permanente.

Dans son ouvrage *La révolution permanente* paru en 1929 par exemple, il a écrit : « On trouvera des articles où j'exprimais des doutes sur le futur rôle révolutionnaire de la paysannerie *dans son ensemble, en tant qu'état*, et où, par conséquent, je refusais (surtout pendant la guerre impérialiste) d'appeler « nationale » la future révolution russe, qualifiant d'équivoque cette caractérisation. » J'ai déjà cité deux de ces articles de Trotsky, l'un de 1915 et l'autre de janvier 1917.

Reconnaissant le caractère erroné de ces déclarations, Trotsky a poursuivi : « Il ne faut pas oublier ici que les événements historiques qui nous intéressent, y compris les processus dans la paysannerie, sont beaucoup plus évidents aujourd'hui alors qu'ils sont achevés, qu'ils ne l'étaient à l'époque quand ils ne faisaient que se développer [61]. »

Mais cette compréhension du poids et du rôle de la paysannerie dans la révolution russe avait été au centre même de la stratégie bolchevique. Et c'était la question cruciale où les positions de Lénine se sont avérées correctes contre la théorie de la révolution permanente de Trotsky, jetant les bases du cours politique autour duquel le Parti bolchevique s'est construit.

La reconnaissance par Trotsky de son erreur sur cette question est importante. Elle montre l'impact durable des leçons qu'il avait apprises sur l'alliance des travailleurs et des paysans à partir de son expérience après 1917 en tant que dirigeant de la révolution russe, de l'État soviétique et de l'Internationale communiste sous la direction de Lénine.

Néanmoins le retour de Trotsky après 1927 à l'opinion selon laquelle il aurait eu raison contre les bolcheviks avant 1917 sur certaines des questions stratégiques importantes n'est pas simplement une question historique. Il n'a pas été sans résultats politiques négatifs dans la Quatrième Internationale. Pour cette raison en particulier, il est important pour nous d'en discuter sérieusement aujourd'hui. Comment Trotsky a-t-il expliqué ses divergences antérieures avec Lénine ?

Dans son article « Révolution et guerre en Chine » écrit en 1938, Trotsky s'est exprimé en ces termes : « Le point faible de la conception de Lénine, c'était l'idée, en soi contradictoire, de « la dictature démocratique bourgeoise du prolétariat et de la paysannerie. » Un bloc politique de deux classes dont les intérêts ne coïncident que partiellement exclut une dictature [62]. »

Trotsky considérait la nature algébrique de la formule de Lénine comme son point faible. Mais c'était son point fort. Lénine était pleinement conscient des contradictions sociales liées au processus révolutionnaire qu'il cherchait à capturer dans sa formule. Il était pleinement conscient du fait que le prolétariat et la paysannerie étaient des classes « dont les intérêts ne coïncident que partiellement. » L'élément essentiel de la stratégie prolétarienne en Russie, c'était de forger une alliance ouvrière et paysanne autour des intérêts *qui coïncidaient* — c'est-à-dire autour de la lutte pour abattre l'absolutisme et le landlordisme — et d'établir une dictature s'appuyant sur cette alliance pour mener à bien ces tâches démocratiques tout en ouvrant la voie à la révolution socialiste. La formule bolchevique était exactement le type d'approche algébrique requise pour amener le prolétariat à prendre, en pratique, dans l'action, la direction d'une alliance des classes exploitées au cours de la transition menant d'une révolution démocratique victorieuse à l'établissement et à la consolidation d'un État ouvrier.

Trotsky a ajouté : « Lénine a lui-même mis l'accent sur la limitation fondamentale de la « dictature du prolétariat et de la paysannerie » quand il l'a ouvertement qualifiée de *bourgeoise.* » (Trotsky fait plusieurs fois référence à la « dictature démocratique bourgeoise » dans cet article. J'aimerais préciser que Lénine, lui, parlait de « dictature démocratique révolutionnaire » ou parfois simplement de « dictature démocratique. » La différence n'est pas sans importance.)

Mais poursuivons avec le point de Trotsky : « [Lénine] a ainsi voulu dire que dans l'intérêt de maintenir l'alliance avec la paysannerie, le prolétariat devrait, dans la révolution à venir, renoncer à poser directement la question des tâches socialistes. »

Mais ce n'était pas la position de Lénine. La question n'était pas que le prolétariat renonce aux tâches socialistes dans le but de maintenir une alliance avec la paysannerie. C'était de savoir comment le prolétariat pouvait souder une alliance avec la paysannerie *afin de* renverser le tsarisme et le landlordisme, et utiliser le pouvoir gouvernemental qui en résulterait pour mener à bien la révolution démocratique, tout en commençant à s'attaquer simultanément aux tâches socialistes dont certains éléments importants seraient posés dès le premier jour. Le rythme de la transition dans son ensemble serait concrètement déterminé par le rapport de forces entre les classes dans le pays et dans le monde, par le niveau d'organisation et de conscience des travailleurs et des paysans pauvres, et par les conditions matérielles dans le pays.

Trotsky poursuit : « Influencé par l'expérience historique, Lénine avait reconnu que [cette formule] était sans valeur. »

« En d'autres termes, le Comintern a choisi une formule rejetée par Lénine dans l'unique but d'ouvrir la voie à la politique » du menchevisme.

Ces affirmations de Trotsky sur les conceptions de Lénine avant 1917 sont, je crois, factuellement incorrectes. Je ne doute pas que Trotsky en soit venu à les croire justes. Une grande partie de la bibliothèque et des dossiers dont il se servait pour vérifier les faits a été pillée par les staliniens et perdue alors qu'il était pourchassé d'un pays à l'autre par les gouvernements bourgeois et par la bureaucratie de Moscou au cours de son dernier exil. Il dépendait souvent de matériel d'archives et de traductions fournis par John G. Wright, un dirigeant de notre mouvement ici aux États-Unis.

Mais peu importe la source de son erreur, Trotsky s'est trompé en disant que Lénine avait « rejeté » la formule de la dictature démocratique révolutionnaire du prolétariat et de la paysannerie ou avait « reconnu qu'elle était sans valeur. » Je n'ai entendu parler de personne qui aurait trouvé de telles déclarations dans les écrits publiés de Lénine.

Lénine a dit en avril 1917 que préconiser la dictature démocratique révolutionnaire ne correspondait plus aux tâches du jour en Russie. Celle-ci avait déjà été partiellement réalisée par la formation des soviets, disait-il. La tâche maintenant, c'était de se concentrer sur la lutte pour que les soviets prennent le pouvoir au lieu de l'abandonner à la bourgeoisie, ainsi que le faisaient les misleaders de collaboration de classe. En prenant le pouvoir, les masses laborieuses disposeraient de l'outil dont elles avaient besoin pour accélérer la réalisation des tâches de la dictature démocratique révolutionnaire.

Mais Lénine n'a jamais rejeté ou répudié l'approche fondamentale sur l'alliance de classe *capable* d'établir un gouvernement révolutionnaire. Au contraire, il a insisté de façon répétée à partir de 1917 sur le fait que c'était cette stratégie et le cours politique qui en découlait qui avaient rendu possible la victoire de la révolution d'octobre.

En fait, pendant une bonne partie de 1927, Trotsky luimême a utilisé la formule de Lénine dans ses écrits sur la révolution chinoise. Il l'a correctement présentée comme l'alternative marxiste à la ligne que Staline et Boukharine appliquaient alors comme le cours correspondant aux besoins des travailleurs et des paysans chinois. La formule de Lénine a aussi été utilisée dans la plateforme de l'Opposition unifiée. Ceci n'aurait pas été le cas si Trotsky ou d'autres dirigeants du Parti communiste soviétique à l'époque avaient cru que Lénine en était arrivé à la conclusion dix ans plus tôt que la formule était sans valeur et qu'il l'avait abandonnée, même dans le cas de la Russie.

Loin de renoncer à la stratégie bolchevique d'avant 1917, le programme du Parti communiste russe de 1919 et celui du Comintern ont incorporé la continuité de cette conception.

Comme je l'ai dit plus tôt, Lénine avait caractérisé la dictature démocratique révolutionnaire comme une « description marxiste du contenu de classe d'une révolution victorieuse. » Comme la révolution russe avait donné une forme organisationnelle spécifique à cette alliance de classe — les soviets de délégués des travailleurs, des paysans et des soldats — Lénine a incorporé *cette* perspective dans les discours et les résolutions qu'il a écrits pour le Comintern sur la révolution dans le monde colonial, et non pas sa formule d'avant 1917. Non pas parce qu'elle s'était avérée fausse et « trop algébrique, » mais parce qu'elle s'était matérialisée dans le cours d'une révolution et qu'il était donc possible de donner à l'« algèbre » un sens plus concret. Le concept des soviets — des organes de masse représentatifs de ceux qui travaillent — avait donné un exemple à travers le monde aux travailleurs et aux paysans animés d'un esprit révolutionnaire.

Le gouvernement des travailleurs et des agriculteurs

Lors de son quatrième congrès en 1922, le Comintern a adopté le mot d'ordre transitoire de gouvernement ouvrier, ou de gouvernement ouvrier et paysan, à être utilisé par les communistes de tous les pays pour nous aider à suivre l'exemple de ce que les masses travailleuses de Russie avaient fait en établissant le pouvoir soviétique. C'est cette perspective que nous avons trouvé si utile pour comprendre les révolutions socialistes depuis la deuxième guerre mondiale. Sur la base de ces expériences, nous avons pu donner un contenu plus concret à ce mot d'ordre et l'avons placé au centre de notre programme et de notre stratégie aujourd'hui, aussi bien pour les pays impérialistes que pour les pays opprimés [63].

Ce mot d'ordre nous est plus utile aujourd'hui que la formule bolchevique d'avant 1917 parce qu'il s'appuie sur des décennies d'expérience et de leçons historiques avec des révolutions victorieuses, et vaincues, qui ont eu lieu depuis l'époque de Lénine. En même temps, nous avons remarqué que notre compréhension du mot d'ordre de gouvernement des travailleurs et des agriculteurs, de même que notre capacité de l'appliquer à la lutte des classes, ont été grandement enrichies par notre étude approfondie au cours des deux dernières années des écrits de Lénine de la période d'avant 1917. L'utilisation que nous faisons aujourd'hui du mot d'ordre de gouvernement des travailleurs et des agriculteurs est tout aussi enracinée dans les leçons du programme et de la stratégie bolcheviques expliquées par Lénine que dans les discussions ultérieures au sein du Comintern, elles-mêmes basées sur la même continuité programmatique.

À la fin des années 20 et au début des années 30, Trotsky a rejeté l'utilisation par les communistes du mot d'ordre de gouvernement des travailleurs et des agriculteurs. C'était pendant une période où Staline déformait le contenu de ce mot d'ordre en suivant la même ligne de collaboration de classe qu'il utilisait pour injecter un contenu opportuniste dans la formule de Lénine sur la dictature démocratique révolutionnaire du prolétariat et de la paysannerie. Le contenu que Staline cherchait à donner aux deux mots d'ordre, c'était la subordination aux partis et aux gouvernements bourgeois, au lieu d'organiser les travailleurs pour qu'ils dirigent les masses laborieuses dans le combat révolutionnaire pour arracher le pouvoir gouvernemental des mains des exploiteurs.

Trotsky a changé sa position sur le mot d'ordre de gouvernement des travailleurs et des agriculteurs au milieu des années 30. Dans le programme de transition qu'il a élaboré pour le congrès de fondation de la Quatrième Internationale, il en a préconisé l'utilisation [64]. Dans ce document de 1938, Trotsky a en fait éclairci quelque peu l'évolution de sa position sur ce mot d'ordre et sur son lien avec la formule de la dictature démocratique révolutionnaire du prolétariat et de la paysannerie.

> Quand l'Internationale communiste des épigones a tenté de faire revivre la formule de « dictature démocratique des travailleurs et des paysans, » enterrée par l'histoire, elle a donné à la formule de « gouvernement ouvrier et paysan » un contenu complètement différent, purement « démocratique », c'est-à-dire bourgeois, *en l'opposant* à la dictature du prolétariat.
>
> Les bolcheviks-léninistes ont résolument rejeté le mot d'ordre de « gouvernement ouvrier et paysan » dans son interprétation démocratique bourgeoise. Ils ont affirmé et

ils affirment que, si le parti du prolétariat renonce à sortir des cadres de la démocratie bourgeoise, son alliance avec la paysannerie aboutira simplement à soutenir le capital, comme ce fut le cas des mencheviks et des socialistes-révolutionnaires en 1917, comme ce fut le cas du Parti communiste chinois en 1925-1927, comme cela se passe maintenant avec les « fronts populaires » d'Espagne, de France et d'autres pays.

Et Trotsky de poursuivre :

> Le mot d'ordre de « gouvernement ouvrier et paysan » est employé par nous uniquement dans le sens qu'il avait en 1917 dans la bouche des bolcheviks, c'est-à-dire comme mot d'ordre antibourgeois et anticapitaliste, mais en aucun cas dans le sens « démocratique » que lui ont donné plus tard les épigones, faisant de lui, alors qu'il était un pont vers la révolution socialiste, la principale barrière dans cette voie.

Après avoir esquissé de quelle façon les communistes utilisent le mot d'ordre de gouvernement des travailleurs et des agriculteurs, Trotsky s'est ensuite tourné vers une autre question, qui avait déjà été discutée lors du quatrième congrès du Comintern et qui est devenue particulièrement importante à la lumière des développements survenus depuis la deuxième guerre mondiale.

« La création d'un tel gouvernement par les organisations ouvrières traditionnelles est-elle possible ? » a demandé Trotsky.

> L'expérience antérieure nous montre, comme nous l'avons déjà dit, que c'est pour le moins peu vraisemblable. Il est cependant impossible de nier catégoriquement par avance la possibilité théorique de ce que, sous l'influence

d'une combinaison tout à fait exceptionnelle de circonstances (guerre, défaite, krach financier, offensive révolutionnaire des masses, etc.) des partis petits-bourgeois, y compris staliniens, puissent aller plus loin qu'ils ne le veulent eux-mêmes dans la voie de la rupture avec la bourgeoisie. En tout cas, une chose est hors de doute : si même cette variante, peu vraisemblable, se réalisait un jour quelque part et qu'un gouvernement des travailleurs et des agriculteurs dans le sens indiqué plus haut s'établissait en fait, il ne représenterait qu'un court épisode dans la voie de la véritable dictature du prolétariat.

Ainsi, non seulement Trotsky a-t-il affirmé la valeur du mot d'ordre en tant que composante clé du programme de transition d'un parti prolétarien révolutionnaire, mais il a aussi réitéré qu'un tel gouvernement transitoire pourrait voir le jour. Il est venu à cette conclusion malgré l'utilisation erronée que les staliniens ne cessaient de faire du terme.

Cependant, Trotsky n'a pas vécu pour voir les révolutions qui ont suivi la deuxième guerre mondiale ou l'apparition de gouvernements des travailleurs et des agriculteurs, sous quelque direction que ce soit. Il n'a pas eu l'opportunité d'incorporer ces expériences de la lutte des classes dans sa compréhension des gouvernements des travailleurs et des agriculteurs, ce que nous avons pu faire dans le Parti socialiste des travailleurs.

Dans le programme de transition, Trotsky a mis l'accent sur l'improbabilité d'un tel gouvernement. Mais l'histoire nous a maintenant appris à le considérer comme « la première forme de gouvernement que l'on peut s'attendre à voir apparaître après une révolution anticapitaliste victorieuse[65], » ainsi que Joseph Hansen l'a écrit en 1977, après avoir tiré les leçons des révolutions d'après-guerre à Cuba, en Algérie, en Chine et en Yougoslavie. Et Joe ne limitait pas cette généralisation aux pays semi-coloniaux ou arriérés.

La position défendue par Trotsky en 1938 n'est pas celle que nous avons aujourd'hui. La nôtre repose sur les anticipations du programme de transition mais va plus loin, en s'appuyant sur la façon concrète dont la révolution mondiale s'est déroulée au cours des 45 dernières années. Nous prônons la formation de gouvernements des travailleurs et des agriculteurs. Nous avons vu des exemples montrant comment de tels gouvernements peuvent faire avancer la mobilisation et l'organisation des travailleurs et de leurs alliés, pour mener à bien l'expropriation des capitalistes et l'établissement de nouveaux États ouvriers.

Trotsky a intégré ses positions sur la formule de la dictature démocratique révolutionnaire du prolétariat et de la paysannerie dans la résolution qu'il a écrite pour la conférence de 1933 de l'Opposition de gauche internationale, un précurseur de la Quatrième Internationale. Ce document a énoncé onze principes sur lesquels établir une Internationale révolutionnaire. Le sixième se lit comme suit :

> Rejet de la formule « *dictature démocratique du prolétariat et de la paysannerie* » comme régime spécial distinct de la *dictature du prolétariat*, entraînant derrière lui les masses paysannes et, en général, les masses opprimées. Rejet de la théorie antimarxiste de la « transcroissance » pacifique de la dictature démocratique en dictature socialiste [66].

Les deux aspects de ce bref paragraphe méritent un examen plus approfondi.

Le premier, c'est la défense par Trotsky de la position — qui est au coeur de notre continuité communiste depuis Marx, Engels et Lénine — que les travailleurs doivent diriger leurs alliés dans une *révolution* pour prendre le pouvoir des mains des vieilles classes dirigeantes et pour établir un nouveau pouvoir d'État, une dictature révolutionnaire.

Il est important de noter l'utilisation que fait Trotsky du bout de phrase « comme régime spécial distinct de » pour décrire ce qui doit être rejeté dans l'utilisation que font les staliniens du mot d'ordre de dictature démocratique révolutionnaire en relation à la dictature du prolétariat. C'était en effet ainsi que Staline et ses partisans ont utilisé la formule de Lénine — *pas* pour décrire une transition révolutionnaire, comme Lénine l'avait fait ; *pas* comme un pont vers la dictature du prolétariat, mais comme « un régime spécial distinct de » cette dernière, en en faisant ainsi un obstacle à sa réalisation.

La conception — et la ligne d'action — imposée au mouvement communiste à l'époque de Staline était en fait celle que le dirigeant salvadorien Schafik Jorge Handal a expliquée et rejetée dans son article. Une conception qui est un obstacle à ce que les travailleurs arrachent le pouvoir des mains des capitalistes. Une ligne qui, comme l'explique Handal, cherche à rompre « le lien essentiel indissoluble » existant entre la lutte pour les tâches démocratiques et la lutte pour les tâches socialistes et qui nie que les deux sont les « facettes d'une seule révolution, pas deux révolutions. » Une ligne qui dit au prolétariat « que la révolution démocratique n'est pas nécessairement une tâche qui devrait être organisée et dirigée principalement par nous, mais que nous pourrions nous limiter à être une force d'appoint » aux forces bourgeoises et petites-bourgeoises qui y joueraient le rôle dirigeant.

Ce sont précisément les négations staliniennes du marxisme que Trotsky a cherché à combattre dans le document de 1933. Trotsky a aussi dénoncé ce que Handal décrit comme « l'idée de la voie pacifique de la révolution » — une voie qui n'implique pas la lutte révolutionnaire pour le pouvoir par la classe ouvrière à la tête de ses alliés exploités.

C'est le point fondamental de Trotsky, ainsi qu'il l'a expliqué dans d'autres articles écrits à la même époque. Ce qui le préoccupait avant tout, c'était la conquête du pouvoir, c'était la nécessité d'une dictature de classe révolutionnaire, que Staline avait jetées par dessus bord.

Un de ces articles, écrit en 1931, rend clair aussi qu'à cette époque, Trotsky avait abandonné la position gauchiste qu'il avait intégrée en 1928 dans sa critique du projet de programme du Comintern, selon laquelle un gouvernement révolutionnaire victorieux en Chine ou dans d'autres pays coloniaux « devra [dès le début] opérer le grand bouleversement et supprimer la propriété privée dans les villes et les campagnes. » Il a écrit dans cet article de 1931 [67] :

> Le fait est que la dictature du prolétariat ne coïncide pas du tout de façon mécanique avec le début de la révolution socialiste. La conquête du pouvoir par la classe ouvrière a lieu dans un milieu national déterminé, à une période déterminée et pour la solution de tâches déterminées.
>
> Dans les nations arriérées, certaines de ces tâches *immédiates* ont un caractère démocratique : libération nationale de la domination impérialiste et révolution agraire, comme en Chine ; révolution agraire et libération des nationalités opprimées, comme en Russie. […]
>
> Lénine a même dit que le prolétariat en Russie était arrivé au pouvoir en octobre 1917 avant tout comme agent de la *révolution démocratique bourgeoise*. Le prolétariat vainqueur a commencé par la résolution des tâches démocratiques et ce n'est que graduellement, par la logique de son pouvoir, qu'il a entrepris les tâches socialistes ; il n'a sérieusement entrepris la collectivisation de l'agriculture qu'à sa douzième année de pouvoir. C'est précisément ce que Lénine a appelé la transcroissance de la révolution démocratique en révolution socialiste.

« Ce n'est pas le pouvoir bourgeois qui « transcroît » en pouvoir ouvrier et paysan, puis en pouvoir prolétarien, » a écrit Trotsky.

Non, le pouvoir d'une classe ne « transcroît » pas en pouvoir d'une autre classe, on le lui arrache les armes à la main.

Mais après que la classe ouvrière ait conquis le pouvoir, les tâches démocratiques du régime prolétarien transcroissent inévitablement en tâches socialistes. Une transition organique évolutive vers le socialisme n'est concevable que sous la *dictature du prolétariat*. Voilà l'idée centrale de Lénine.

Le souci politique premier de Trotsky en tant que communiste, c'était de combattre la falsification de la formule de Lénine par Staline dans le but de justifier la subordination de la classe ouvrière au misleadership bourgeois et l'abandon de la lutte pour le pouvoir d'État. C'était le cours que Staline avait suivi en Chine vis-à-vis du Kuomintang de Tchang Kai-shek. C'était le contraire de la conception de Lénine d'une république ouvrière et paysanne émergeant d'une révolution populaire.

Cependant, Trotsky était manifestement convaincu que le caractère algébrique de la formule de Lénine ouvrait la porte à une utilisation erronée et qu'il fallait donc explicitement la condamner dans le programme de fondation de l'Opposition de gauche internationale en 1933.

Ce qui nous amène au second aspect important du paragraphe extrait du document de 1933.

En rejetant la formule de Lénine, le paragraphe ne contenait aucun concept de régime de transition — de dictature basée sur une alliance des travailleurs et des paysans, issue d'une révolution sociale victorieuse contre les classes possédantes et qui permettrait aux travailleurs de diriger leurs alliés des autres classes laborieuses au cours de la transition menant de la révolution démocratique à la révolution socialiste.

S'il ne s'agissait simplement ici que d'évaluations historiques divergentes de la stratégie de Lénine avant 1917, il ne vaudrait pas la peine d'y accorder autant de temps ou d'attention. Mais il y a plus que cela. Parmi ceux qui se disent trotskystes aujourd'hui, la révolution permanente — que certains écrivent même avec un « R » et un « P » majuscules — et la confusion qui existe sur les racines de notre continuité révolutionnaire *ont* renforcé des tendances vers des positions sectaires et gauchistes, particulièrement sur l'alliance ouvrière et paysanne et sur la question nationale et coloniale.

Ceci va si loin qu'une majorité de ceux qui se disent trotskystes sont convaincus qu'aucun courant politique n'est révolutionnaire, prolétarien et marxiste s'il ne comprend pas et ne souscrit pas à la théorie de Trotsky sur la révolution permanente. Dans ce mode de pensée, les positions citées plus haut de la plateforme du PC cubain, des dirigeants cubains Jesús Montané et Manuel Piñeiro et du dirigeant salvadorien Schafik Jorge Handal ne sont pas réellement marxistes puisqu'aucune ne mentionne la révolution permanente.

Certains de ceux qui se disent trotskystes nient l'existence d'un État ouvrier à Cuba et un grand nombre ont refusé de reconnaître l'existence aujourd'hui de gouvernements des travailleurs et des agriculteurs au Nicaragua et à la Grenade. Prétendant parler au nom de la révolution permanente, certains courants « tiers-campistes » refusent de reconnaître comme des *conquêtes* du prolétariat mondial le renversement de la domination capitaliste, l'abolition de la propriété privée des moyens de production et l'établissement de la propriété et de la planification étatiques en Union soviétique, en Chine, au Viêt-nam, en Corée du Nord, à Cuba et dans les autres États ouvriers de l'Europe de l'Est.

Certains sectaires ont fait de la révolution permanente le critère de tous les programmes et le guide de toutes les actions. Les mots sont décisifs, pas les faits et les gestes.

En vérité, un nombre substantiel d'organisations qui se disent trotskystes sont des sectes irrémédiables et sans espoir.

Il est probable que 80 pour cent — peut-être 70 pour cent, peut-être 90 pour cent — de ceux qui se présentent comme trotskystes dans le monde sont des sectaires qu'on ne peut réformer. La dernière chose qui caractérise leur politique, c'est d'essayer de suivre l'exemple de Trotsky en appliquant les acquis des bolcheviks et du Comintern réalisés du vivant de Lénine et d'avancer en suivant la ligne de marche tracée par les premiers communistes révolutionnaires en 1847-1848.

Mais ces sectaires sans espoir ne sont pas ceux qui nous importent le plus. Nous sommes intéressés par la Quatrième Internationale, le mouvement international dont nous faisons partie. Nous sommes intéressés par ceux qui sont des révolutionnaires sérieux, qui effectuent un tournant vers la classe ouvrière industrielle, qui peuvent être influencés par le test des événements et qui sont ouverts à la discussion politique.

Le sectarisme et le gauchisme ont été la principale, mais non la seule, direction dans laquelle ont erré des courants de la Quatrième Internationale. Ceci est largement le résultat de la période historique dans laquelle nous avons fonctionné pendant la plus grande partie de notre existence, ce qui nous a laissés dans un isolement relatif par rapport à la classe ouvrière et ses organisations et a déterminé notre composition sociale. La campagne de calomnies et de dénigrement de notre mouvement menée par l'appareil puissant du stalinisme mondial a renforcé ces pressions.

Mais je suis convaincu que l'adhésion de notre mouvement depuis 1928 à la théorie de Trotsky sur la révolution permanente est aussi impliquée. Celle-ci nous a conduits à dévaluer l'étude approfondie et l'application des contributions stratégiques du bolchevisme telles que Lénine les a développées dans ses écrits d'avant 1917. Quand nous avons lu ces textes, c'était souvent avec l'idée préconçue que des aspects significatifs en étaient erronés ou encore avaient été « enterrés par l'histoire, » comme le dit Trotsky dans le programme de transition à propos de la formule de Lénine sur la dictature démocratique révolutionnaire du prolétariat et de la paysannerie. Ceci nous a empêchés de lire Lénine avec objectivité, et non pas tel qu'interprété par d'autres, y compris par Trotsky.

Je pense même que notre insistance sur le caractère exceptionnel et sur la justesse de la théorie de la révolution permanente a renforcé une tendance à ne pas étudier les rapports et les résolutions des quatre premiers congrès du Comintern aussi énergiquement que nous aurions dû le faire.

Évidemment, Trotsky serait horrifié par les positions politiques de la grande majorité de ceux qui s'appellent « trotskystes » aujourd'hui — un terme qu'il n'a par ailleurs jamais employé pour décrire notre mouvement. Il a généralement su corriger ses quelques erreurs politiques qui étaient gauchistes après la mort de Lénine en participant au processus vivant de construction de partis ouvriers révolutionnaires faisant partie d'un mouvement international et en généralisant les leçons tirées de ces expériences à partir de ses dix années comme dirigeant central du Parti communiste soviétique et de l'Internationale communiste.

De plus, Trotsky a passé une partie non négligeable de son temps en exil au cours des années 30 à essayer d'aider ses partisans à corriger de sérieuses erreurs politiques gauchistes sur les questions agraire, coloniale et nationale. Examinons quelques exemples.

Dès la formation en 1929 de groupes soutenant l'Opposition de gauche en Chine, Trotsky a dû combattre leur incapacité de reconnaître la place centrale des luttes démocratiques et anti-impérialistes dans ce pays. Au même moment, il polémiquait contre les erreurs gauchistes de la direction stalinienne du Comintern, qui avait répondu aux revers subis par ses politiques nationales et internationales en précipitant ses partisans dans le monde dans un brusque « tournant à gauche. » Pendant la dite « troisième période » du Comintern, celle-ci a refusé de reconnaître le reflux évident de la lutte révolutionnaire en Chine après la défaite de 1927 et elle a minimisé l'importance de la lutte pour les revendications démocratiques au nom de la bataille pour une insurrection immédiate et le pouvoir soviétique.

C'est ainsi que pendant plusieurs années, Trotsky s'est trouvé à aborder les mêmes questions dans des lettres très patientes écrites aux camarades chinois et dans des polémiques contre Staline et les partisans de Staline.

« La lutte contre la dictature militaire doit inévitablement prendre la forme de *revendications révolutionnaires démocratiques transitoires,* » a-t-il écrit dans un projet de programme pour les partisans chinois de l'Opposition de gauche en 1929 [68].

Trois ans plus tard, il leur a encore écrit avec insistance : « Les mots d'ordre de démocratie révolutionnaire correspondent le mieux à la situation politique prérévolutionnaire que connaît la Chine aujourd'hui [69]. » Il a ajouté :

> Stimuler les travailleurs, les organiser, leur donner la possibilité d'établir des liens avec les mouvements national et agraire dans le but d'en prendre la direction : telle est la tâche qui nous incombe. Les revendications immédiates du prolétariat en tant que tel (longueur de la journée de travail, salaires, droit de se syndiquer, etc.) doivent constituer la base de notre agitation.
>
> Mais ceci en soi reste insuffisant. Seuls les trois mots d'ordre suivants peuvent permettre au prolétariat de prendre la tête de la nation : l'indépendance de la Chine, la terre aux paysans pauvres et l'assemblée constituante.

De nouveau dans les dernières années de sa vie, Trotsky a mené une bataille politique contre une grande faction au sein du mouvement trotskyste chinois qui refusait de soutenir la Chine, un pays colonial opprimé, contre son invasion et son occupation par l'impérialisme japonais — en utilisant l'argument gauchiste que les deux côtés avaient des gouvernements capitalistes. (En 1939-1940, l'opposition petite-bourgeoise dans le SWP défendait également cette position, en même temps qu'elle refusait de défendre l'État ouvrier soviétique.)

Trotsky a discuté avec des révolutionnaires en Indochine de conceptions gauchistes erronées du même genre à propos de l'importance des questions démocratique et nationale. Quand l'un des tout premiers groupes de partisans vietnamiens de l'Opposition de gauche internationale a fait parvenir une déclaration politique à Trotsky en 1930, il leur a écrit une réponse qui soulignait les sérieuses faiblesses du document[70]. Ce dernier, a-t-il dit, devait « aborder plus clairement, plus en détail et de manière plus précise la question agraire. [...] La *question paysanne* est complètement absente de la déclaration. »

La déclaration avait condamné le nationalisme vietnamien comme « une idéologie réactionnaire » qui « ne peut que forger de nouvelles chaînes pour la classe ouvrière. » Trotsky a répondu que

> le nationalisme des masses est la forme élémentaire que prend leur haine, juste et progressiste, à l'encontre de leurs oppresseurs les plus habiles, les plus capables et les plus impitoyables, c'est-à-dire les impérialistes étrangers. Le prolétariat n'a pas le droit de tourner le dos à *ce type* de nationalisme. Au contraire, il doit démontrer en pratique qu'il est le combattant le plus conséquent et le plus dévoué de la libération nationale de l'Indochine.

Trotsky a ajouté qu'

> il est très peu probable que les travailleurs indochinois aient jusqu'à présent associé dans leur esprit les éléments

nationaux, démocratiques et socialistes de la révolution comme faisant partie d'un seul tout. [...]
Nous ne pouvons arriver à la dictature du prolétariat en refusant dès le départ de soutenir la démocratie. C'est seulement en luttant pour la démocratie que l'avant-garde communiste peut rassembler la majorité de la nation opprimée autour d'elle et de cette façon progresser vers la dictature qui créera aussi les conditions d'une transition vers une révolution socialiste inséparablement liée au mouvement du prolétariat mondial.

Trotsky s'est aussi vivement opposé à un document écrit en 1936 par le groupe sud-africain de l'Opposition de gauche internationale, qui avait écrit que « le mot d'ordre de « république noire » est *tout aussi* nuisible à la cause révolutionnaire que celui d'« Afrique du Sud aux blancs. »
Étant donné l'écrasante majorité de la population noire dans le pays et son statut d'opprimée, Trotsky a répondu :

La république sud-africaine émergera avant tout comme une république « noire » ; ceci n'exclut bien entendu ni une complète égalité de droits pour les blancs, ni de fraternelles relations entre les deux races (ce qui dépend surtout de la conduite des blancs). [...]
Dans la mesure où la révolution victorieuse changera radicalement les rapports non seulement entre les classes, mais aussi entre les races, et assurera aux Noirs la place dans l'État qui correspond à leur nombre, la révolution *sociale* en Afrique du Sud aura également un caractère *national*. [...]
Les révolutionnaires prolétariens ne doivent jamais oublier le droit des nationalités opprimées à l'autodétermination, y compris à la séparation complète, et le devoir du prolétariat de la nation oppressive à défendre ce droit, y compris s'il le faut les armes à la main [71].

Confronté à ce type de faiblesses sur la question nationale et coloniale, Trotsky a cherché à rendre l'approche communiste qu'il avait apprise de Lénine aussi claire que possible dans le programme de transition de 1938, que le Parti socialiste des travailleurs a adopté en avril de la même année.

Dans les pays opprimés par l'impérialisme, a écrit Trotsky,

> la lutte pour les tâches les plus élémentaires de l'indépendance nationale et de la démocratie bourgeoise [est combinée] avec la lutte socialiste contre l'impérialisme mondial. Dans cette lutte, les mots d'ordre démocratiques, les revendications transitoires et les tâches de la révolution socialiste ne sont pas séparés en époques historiques distinctes, mais découlent immédiatement les uns des autres. […]
>
> Les problèmes centraux des pays coloniaux et semi-coloniaux sont : la *révolution agraire,* c'est-à-dire la liquidation de l'héritage féodal, et l'*indépendance nationale,* c'est-à-dire le renversement du joug de l'impérialisme. Ces deux tâches sont étroitement liées l'une à l'autre.

Dans les pays coloniaux, explique le programme de transition, les travailleurs doivent se mettre à la tête du combat pour la libération nationale. Il

> faut armer les travailleurs de ce programme démocratique. Eux seuls peuvent soulever et rassembler les agriculteurs. Sur la base du programme démocratique révolutionnaire, il faut opposer les travailleurs à la bourgeoisie « nationale ». […]
>
> Le poids spécifique des diverses revendications démocratiques et transitoires dans la lutte du prolétariat, leurs liens mutuels et leur ordre de succession sont déterminés par les particularités et les conditions propres de chaque

pays arriéré, pour une part considérable par le *degré* de son retard. Cependant, la direction générale du développement révolutionnaire peut être déterminée par la formule de la *révolution permanente*, dans le sens qui lui a été définitivement donné par les trois révolutions en Russie (1905, février 1917, octobre 1917).

Cette stratégie communiste, voilà le *contenu politique* que Trotsky cherchait à donner au mot d'ordre de révolution permanente dans le programme de fondation de la Quatrième Internationale. L'approche de Trotsky par rapport aux questions agraire et nationale était basée sur ce qu'il avait appris de Lénine et des positions codifiées dans les rapports et résolutions des quatre premiers congrès du Comintern. Lénine et Trotsky avaient eux-mêmes rédigé et présenté la grande majorité des plus importants d'entre eux.

En même temps, l'insistance de Trotsky pour faire remonter la continuité de la Quatrième Internationale à sa propre théorie de la révolution permanente d'avant 1917, plutôt qu'aux positions de Lénine incorporées dans sa formule de dictature démocratique révolutionnaire du prolétariat et de la paysannerie, a renforcé plutôt qu'atténué chaque tendance parmi ses partisans de l'époque et d'aujourd'hui à errer dans une direction sectaire sur les questions paysanne et nationale.

C'est pourquoi nous disons que du point de vue de notre continuité politique, notre Trotsky commence avec son retour en Russie des États-Unis en mai 1917, pas avant. C'est le Trotsky qui a fait partie de l'équipe de direction bolchevique de l'État soviétique, du Parti communiste et de l'Internationale communiste. C'est le Trotsky qui a lutté avec d'autres dirigeants de l'équipe bolchevique pour que l'on continue d'appliquer des politiques véritablement communistes dans l'État soviétique et dans le Comintern après la mort de Lénine. Et c'est le Trotsky d'après 1928, qui a continué ce combat, maintenant seul parmi les dirigeants bolcheviques historiques. À la fin de la décennie suivante, la plupart de ces derniers — y compris Boukharine, Kamenev, Radek, Zinoviev et Trotsky lui-même — auront été assassinés sous les ordres de Staline.

À moins d'aborder de cette manière la continuité programmatique du communisme de 1847 à aujourd'hui, nous ne réussirons pas à expliquer où Trotsky s'y insère. Tout autre cours fait le jeu de ceux qui se saisissent des positions défendues par Trotsky avant 1917 pour lui nier sa place comme continuateur du communisme authentique au cours des 17 dernières années de sa vie. C'est seulement ainsi que nous pouvons apprendre de Trotsky les leçons politiques que nous pouvons récolter dans ses écrits des années 20 et 30 et que nous pouvons en expliquer la valeur aux communistes venant d'expériences et d'horizons politiques différents.

Il y a un autre problème avec la révolution permanente : elle signifie des choses très différentes selon les gens. Ici encore, je laisse de côté les sectaires sans espoir, les quelque 80 pour cent. Je parle de ce que ce terme signifie pour certains des révolutionnaires qui sont des dirigeants de la Quatrième Internationale.

Si vous lisez les écrits d'Ernest Mandel par exemple, vous serez amenés à penser qu'aucun gouvernement des travailleurs et des agriculteurs n'a jamais existé nulle part. Il n'en existe certainement pas un aujourd'hui à la Grenade. Il n'y en a pas au Nicaragua. Aucun n'a jamais existé à Cuba ou en Algérie. Il n'y a rien dans les écrits publiés de Mandel qui dise qu'un gouvernement des travailleurs et des agriculteurs soit théoriquement exclu, mais apparemment aucun n'a jamais existé. Voilà où le conduit sa position sur la révolution permanente par rapport à cette question clé de la stratégie communiste aujourd'hui[72].

Puis il y a Pierre Frank, un dirigeant de longue date de la Quatrième Internationale, un communiste et un vétéran du mouvement français. Il a écrit un article dans l'édition du printemps 1981 de la revue de langue française *Quatrième Internationale*, publiée par le Secrétariat unifié de la Quatrième Internationale. Cet article s'intitule « La théorie de la révolution permanente. »

La première phrase de cet article affirme : « Pour la Quatrième Internationale, la théorie de la révolution permanente formulée par Léon Trotsky constitue, à ce jour, la plus importante acquisition du marxisme révolutionnaire. »

Réfléchissez un instant. La théorie de la révolution permanente formulée par Léon Trotsky serait la plus importante acquisition du marxisme révolutionnaire ! Laissons de côté nos acquisitions théoriques fondamentales : le matérialisme historique, la théorie de la valeur fondée sur le travail, etc. Considérons les questions de stratégie politique. Selon Pierre Frank, chacun des concepts stratégiques de Marx, d'Engels, de Lénine, du Parti bolchevique, du Comintern, et tout ce qui y a été ajouté depuis — tous sont éclipsés par la théorie de la révolution permanente.

Le camarade Frank cherche à justifier cette évaluation en donnant un certain nombre de pays en exemple où, s'il faut l'en croire, la justesse de la théorie de Trotsky a été démontrée d'une façon ou d'une autre, soit dans la victoire, soit dans la défaite. Le plus surprenant pour moi, c'est que cet article qui se donne pour tâche de traiter de la « plus importante acquisition » de la stratégie révolutionnaire et qui a été complété à la fin de 1980 ne fait aucune mention du Nicaragua et de la Grenade. Pas un mot.

De plus, cet article a été écrit moins d'une année après que Pierre Frank, défendant cette position, ait voté contre une résolution présentée au congrès mondial de la Quatrième Internationale et qui expliquait que le gouvernement nicaraguayen était un gouvernement des travailleurs et des agriculteurs. De toute évidence, « la plus importante acquisition » du mouvement révolutionnaire mondial ne nous éclaire pas beaucoup sur les plus importantes révolutions en Amérique.

Finalement, regardons ce qui est dit sur la révolution permanente dans une brochure de George Breitman, lui aussi un dirigeant politique de longue date de la Quatrième Internationale et du Parti socialiste des travailleurs. La brochure s'intitule *How a Minority Can Change Society* [Comment une minorité peut changer la société] et vaut la peine d'être relue. Elle a été présentée pour la première fois lors d'une conférence socialiste du Midwest tenue à Chicago au début de 1964. Pour chaque erreur qu'elle peut contenir, on y trouve de nombreuses idées qui vous feront réfléchir sur le caractère de la révolution américaine à venir et sur la lutte de libération nationale des Afro-américains.

Cependant, un paragraphe intéressant traite directement de la théorie de la révolution permanente de Trotsky. Le camarade Breitman explique brièvement notre compréhension fondamentale que la lutte de libération des Noirs a une dynamique qui tend à dépasser la lutte pour les droits démocratiques et à fusionner avec la lutte pour le socialisme dans ce pays.

« Par cette tendance à passer d'objectifs démocratiques à des objectifs socialistes et à dépasser le cadre capitaliste qui l'enveloppe aujourd'hui, » dit-il, la lutte des Noirs « ressemble aux luttes coloniales, qui partent aussi d'objectifs démocratiques comme l'indépendance et l'autonomie, mais ne sont pas capables d'atteindre ces objectifs démocratiques tant qu'elles n'ont pas arraché la botte capitaliste de leur cou. »

Puis il ajoute : « La direction chinoise nomme ce processus « la révolution ininterrompue » et Léon Trotsky l'appelait « la révolution permanente [73]. »

Voilà donc une autre définition. La révolution permanente, c'est ce que les staliniens en Chine et leurs partisans dans le monde appelaient la révolution ininterrompue. Mais ce n'est certainement pas juste. La théorie de Mao, c'était la révolution ininterrompue dans un seul pays, ainsi que l'a formulé un jour Tom Kerry, un autre dirigeant de longue date du SWP.

Mao a cherché à « révolutionner » la société dans le but de garder le pouvoir dans les mains d'une caste privilégiée. Ce faisant, il a sacrifié les intérêts des masses travailleuses de la Chine et du monde.

Je pourrais vous offrir bien d'autres exemples, mais ces quelques-uns devraient suffire à nous faire réfléchir. Si l'on retourne en arrière pour inclure les divergences de Trotsky avec Lénine avant la révolution russe de 1917, puis repart en avant pour inclure aussi les erreurs gauchistes commises à partir de 1928 (ainsi que le font explicitement Pierre Frank et Ernest Mandel), alors la révolution permanente nous fait quitter l'axe de notre continuité politique avec le bolchevisme et avec les quatre premiers congrès du Comintern. Elle nous éloigne de la lutte pour un véritable parti prolétarien.

Notre mouvement a été capable d'enrichir notre programme à partir de l'expérience de la lutte des classes mondiale. Le document adopté en 1963 lors du congrès de réunification de la Quatrième Internationale explique par exemple que la lutte de guérilla « sous une direction qui se trouve engagée à poursuivre la révolution jusqu'à son terme » devait « être consciemment intégrée à la stratégie de construction de partis marxistes révolutionnaires dans les pays coloniaux[74]. »

Le plus important, c'est que nous avons enrichi notre compréhension du gouvernement des travailleurs et des agriculteurs. Pendant un certain temps, il y avait un accord au sein de la Quatrième Internationale sur le fait qu'un gouvernement ouvrier et paysan avait vu le jour en Algérie au début des années 60[75]. Mais cet accord s'est désagrégé avec l'extension des divergences politiques.

Le gouvernement des travailleurs et des agriculteurs est au coeur de notre programme et de notre stratégie de transition aujourd'hui. Sans présenter aux masses travailleuses la perspective de la prise du pouvoir gouvernemental, un programme ne fait que jouer à la révolution. C'est exactement le point que soulèvent les camarades Piñeiro, Montané et Handal.

Le gouvernement des travailleurs et des agriculteurs est la première étape, l'antichambre de la dictature du prolétariat. Mais nous savons que lorsque nous expliquons cette idée aux travailleurs, même à ceux qui pensent que c'est une bonne idée, ces derniers ne conçoivent pas un tel gouvernement de cette façon. Si tel était le cas, la marche de l'histoire aurait fait un grand pas en avant. Et nos tâches seraient beaucoup plus faciles.

Notre appel à un gouvernement des travailleurs et des agriculteurs est un mot d'ordre transitoire qui met de l'avant l'idée que les travailleurs doivent s'organiser en alliance avec d'autres parmi les masses laborieuses dans le but de prendre le pouvoir gouvernemental et de s'en servir pour faire avancer leurs intérêts de classe. Ce mot d'ordre aide ainsi à accroître la conscience de classe des travailleurs et à sceller une alliance avec les autres producteurs exploités.

Mais ce n'est pas seulement un mot d'ordre. Nous croyons que l'histoire a montré qu'à notre époque, c'est un gouvernement des travailleurs et des agriculteurs qui naîtra d'une révolution anticapitaliste victorieuse. C'est la première forme de gouvernement qui apparaîtra à la suite d'un soulèvement victorieux contre la bourgeoisie — un gouvernement qui ne redonnera pas le pouvoir aux capitalistes, mais qui luttera pour le leur *enlever* et s'en servir pour ouvrir la voie à un approfondissement de la mobilisation des travailleurs et des agriculteurs et à l'expropriation des exploiteurs.

Mais ceci est un processus, qui ne vient pas avec le succès garanti d'avance. Dans les pays coloniaux et semi-coloniaux, les premières tâches du nouveau gouvernement révolutionnaire sont avant tout celles de la révolution démocratique : libération nationale, réforme agraire, mesures pour améliorer les conditions de la classe ouvrière et de la paysannerie et pour étendre leurs droits. Aux États-Unis et dans les autres pays capitalistes avancés aussi, l'établissement d'un État ouvrier fondé sur de nouveaux rapports de propriété ne se fera pas non plus du jour au lendemain à la suite d'une révolution socialiste victorieuse. Reposant sur une alliance gouvernementale des travailleurs et des agriculteurs, cette transition va aussi prendre du temps, de l'organisation et un combat de classe.

En rejetant le gouvernement des travailleurs et des agriculteurs, ou en « sautant » par dessus lui, ce que l'on perd de vue, c'est cette étape transitoire et combien cruciale, ainsi que le riche caractère concret de la lutte des classes et de la direction donnée par le prolétariat à ses alliés durant la transition.

Prolétarisation et continuité communiste aujourd'hui

Ceci nous ramène au point de départ de cet article : à la convergence politique de forces révolutionnaires et de communistes provenant d'expériences et d'héritages différents. Depuis la naissance du mouvement communiste moderne, la fusion de courants politiques révolutionnaires a fait partie du processus d'élaboration d'un programme et d'une stratégie pour la classe ouvrière.

Par exemple, la fusion des bolcheviks avec l'organisation Mezhrayonka de Trotsky en 1917 a fait partie du processus de construction de la direction de la révolution russe et des cadres qui ont dirigé l'élaboration du programme de l'Internationale communiste. Après 1917, il n'est jamais venu à l'esprit de Lénine que Trotsky soit autre chose qu'un bolchevik. Et pour reprendre ses termes, à partir de ce moment-là, il n'y en a pas eu de meilleur.

Le Parti communiste de Cuba est un parti différent du Mouvement du 26 juillet et un meilleur parti. La fusion du Mouvement du 26 juillet avec d'autres forces révolutionnaires au cours des années 60 dans le but de construire un nouveau parti s'enracinait dans une lutte menée en commun *avant* 1959 et qui a rendu la victoire possible. Elle a fait plus que grossir les rangs du nouveau parti. Elle a enrichi sa perspective et élargi son expérience de lutte de classe.

Le Front sandiniste de libération nationale et le New Jewel Movement ont été tous les deux les produits de la convergence politique et de la fusion de différents courants. Et un parti unifié émergeant de la révolution au Salvador sera politiquement plus fort que chacune de ses composantes ou que l'actuelle coalition.

Chaque fois qu'un parti réussit une fusion sur une base principielle avec d'autres forces révolutionnaires, il se transforme et progresse. Le produit final est plus riche et plus complet. À partir de notre propre expérience au cours de la dernière décennie, nous savons à quel point le SWP s'est transformé et renforcé par des fusions.

La même chose est vraie au niveau international.

Nous faisons partie d'une convergence politique mondiale de forces déterminées à faire la révolution socialiste, à la défendre et à subordonner toute autre considération à son extension. En conséquence, la Quatrième Internationale bénéficie aujourd'hui de la plus grande opportunité de son histoire pour faire avancer la perspective pour laquelle elle s'est battue pendant un demi-siècle : la construction d'une Internationale communiste de masse.

Les directions des révolutions cubaine, nicaraguayenne et grenadienne représentent la renaissance du communisme, de directions qui pratiquent l'internationalisme prolétarien. Pour paraphraser le programme de transition, il *existe* maintenant d'autres courants révolutionnaires dignes de ce nom dans le monde et ils jouent un rôle historique majeur. Mais nous ne devons jamais oublier que nous aussi, nous devons constamment nous montrer dignes du nom de révolutionnaires.

C'est ici qu'il devient très important de défendre et d'approfondir les acquis politiques du congrès mondial de la Quatrième Internationale de 1979. Des progrès importants y ont été accomplis.

Le congrès a adopté un rapport qui a souligné : « les sections de la Quatrième Internationale doivent effectuer un *tournant radical* pour s'organiser immédiatement dans le but d'avoir une large majorité de nos membres et de nos dirigeants dans l'industrie et dans les syndicats industriels. » Ce rapport du congrès mondial a indiqué qu'« une radicalisation politique de la classe ouvrière, inégale et à des rythmes différents suivant les pays, est à l'ordre du jour » et que l'« offensive de la classe dominante provoquera de grands changements dans les syndicats industriels. » Il a poursuivi :

> La clé pour les révolutionnaires, c'est d'être là, à l'intérieur, et de faire partie de ce secteur décisif de la classe ouvrière avant que ces confrontations ne se produisent.
> C'est *là* que nous rencontrerons les forces qui permettront de construire la Quatrième Internationale, de construire des partis prolétariens. C'est *là* que nous rencontrerons les jeunes travailleurs, les travailleuses dont le nombre s'accroît, les travailleurs des nationalités opprimées et les travailleurs immigrés. C'est à l'intérieur de la classe ouvrière industrielle que les partis révolutionnaires trouveront une écoute pour leur programme et des recrues pour leur mouvement — notre programme et notre mouvement.

Ce rapport, que la Quatrième Internationale a adopté, expliquait :

> Seuls des partis prolétariens, non seulement par le programme mais aussi par la composition et l'expérience, peuvent diriger les travailleurs et leurs alliés dans les luttes qui sont à l'ordre du jour.
> Seuls des partis de travailleurs industriels pourront résister aux pressions de la classe dominante, y compris à ses pressions idéologiques. Et ces pressions vont augmenter.
> Seuls de tels partis pourront saisir le pouls de la classe ouvrière, ce qui les empêchera de confondre leurs propres attitude, ignorance et humeur avec celles des travailleurs. En d'autres termes, seuls des partis de travailleurs industriels peuvent aller de l'avant et vers l'extérieur.

Parce que le tournant vers l'industrie avait d'abord été adopté par le Parti socialiste des travailleurs en 1978, que nos cadres le mettaient en application et que nous dirigions la lutte pour cette perspective dans la Quatrième Internationale, j'ai présenté le rapport au mouvement mondial. Celui-ci a enraciné le tournant dans la continuité programmatique du communisme. « Nous ne sommes pas des pionniers dans ce domaine. Dans l'histoire du mouvement marxiste, ce sont les partis les plus prolétariens qui ont été les meilleurs partis — les plus révolutionnaires, les moins économistes, les plus politiques. Retournez voir les bolcheviks. Retournez voir Rosa Luxemburg. Retournez voir les buts que s'était fixée la Quatrième Internationale à la fin des années 30, sous les conseils et la direction de Trotsky [76]. »

Le congrès mondial de 1979 a adopté une résolution offrant une perspective communiste à la lutte pour l'émancipation des femmes. Cette résolution du congrès mondial était basée sur les fondements programmatiques posés par Marx et Engels et par l'Internationale communiste. Elle a débattu et rejeté les défis lancés par les féministes bourgeoises et petites-bourgeoises à notre compréhension matérialiste des origines de l'oppression des femmes [77].

Le congrès a adopté un bilan critique de la désorientation gauchiste de la Quatrième Internationale amorcée à la fin des années 60 autour d'une ligne stratégique continentale désastreuse pour l'Amérique latine. Cette ligne erronée, a reconnu le congrès mondial de 1979, « a politiquement désarmé de nombreux cadres et partis de la Quatrième Internationale face à l'idée répandue, mais fausse, qu'un petit groupe de révolutionnaires capables et courageux peut mettre en mouvement un processus conduisant à une révolution socialiste. Elle a nui au processus d'enracinement de nos partis dans la classe ouvrière et les masses opprimées. »

Il y a également eu au congrès mondial de 1979 des débats qui anticipaient les grands défis auxquels la Quatrième

Internationale est aujourd'hui confrontée. Par exemple, il y a eu des divergences marquées sur l'évaluation de la révolution qui s'approfondissait au Nicaragua. Une majorité des délégués a rejeté l'évaluation contenue dans la résolution soutenue par les délégués du SWP, qui disait qu'un gouvernement des travailleurs et des agriculteurs avait été établi au Nicaragua et que les directions cubaine et nicaraguayenne étaient composées de révolutionnaires prolétariens.

Un débat connexe s'y est également ouvert autour de résolutions opposées sur la dictature du prolétariat. L'importance des questions au centre de ce débat apparaît de plus en plus clairement à mesure que se développe la discussion dans la Quatrième Internationale sur ce qu'est la continuité révolutionnaire du communisme et ses liens avec les nouvelles responsabilités et opportunités que posent l'émergence de directions marxistes en Amérique centrale et dans les Caraïbes, ainsi que la polarisation et la politisation ouvrière qui s'approfondissent aux États-Unis et dans les autres pays impérialistes [78].

Si la Quatrième Internationale s'avère incapable de faire partie du processus de convergence politique qui se déroule aujourd'hui, les acquis du congrès mondial de 1979 se désagrégeront à une vitesse de plus en plus rapide et les erreurs qui y ont été commises s'approfondiront et s'étendront au lieu d'être rectifiées. Dans ce cas, la Quatrième Internationale dans son ensemble ne fera pas de progrès dans la construction de partis composés dans leur grande majorité de travailleurs industriels, de partis dont les effectifs et la direction sont de plus en plus multinationaux, de partis qui gardent les yeux rivés sur les jeunes travailleurs et sur les couches les plus opprimées et les plus exploitées de la classe ouvrière et de ses alliés. Un recul s'amorcera aussi par rapport au cours communiste relatif à la lutte pour les droits des femmes. Des positions longtemps considérées comme acquises — la défense politique inconditionnelle des États ouvriers contre l'impérialisme et le front unique anti-impérialiste dans les nations opprimées — commenceront à s'éroder.

Mais si la Quatrième Internationale relève ces défis, elle pourra apporter une contribution irremplaçable au processus de convergence politique. En plus de la continuité communiste que nous partageons avec d'autres révolutionnaires aujourd'hui et qui remonte à Marx, Engels, Lénine, au Parti bolchevique et aux premières années du Comintern, nous sommes des communistes qui apportons autre chose dans cette convergence. Nous sommes des communistes qui apportons une riche compréhension de la résistance opposée dans les années 20 au sein de la direction du Parti communiste soviétique devant le recul effectué par la caste bureaucratique en développement sur le front de l'internationalisme prolétarien et de la stratégie révolutionnaire prolétarienne.

Nous apportons au mouvement communiste une riche compréhension des contributions politiques et stratégiques de Trotsky pendant son dernier exil. Celles-ci comprennent non seulement sa défense du programme du Comintern, mais aussi l'application qu'il en a faite à de nouveaux développements politiques dans les années 30. Trotsky a sonné l'alarme devant la montée du fascisme en Allemagne et en Europe. Il l'a analysée scientifiquement et a inlassablement fait de l'agitation pour que les partis communistes et sociaux-démocrates, et les syndicats que chacun d'eux dirigeait, forgent un front unique dans le but de vaincre la réaction dans la rue. Il a dénoncé le cours de collaboration de classe des fronts populaires des staliniens, qui a conduit à la défaite dévastatrice des ouvertures révolutionnaires en France et en Espagne en subordonnant les luttes des travailleurs et des agriculteurs aux besoins de classe de l'aile « démocratique » de la bourgeoisie. Il a analysé les conséquences de la consolidation sanglante par la caste bureaucratique privilégiée de son monopole politique en Union soviétique et celles de la dégénérescence stalinienne du Comintern qui lui est étroitement liée.

À la fin des années 30, Trotsky a initié et lutté politiquement à l'échelle internationale en soutien à l'effort dirigé dans ce pays par James Cannon et d'autres dirigeants du SWP, effort visant à faire avancer la prolétarisation du parti en conduisant ses cadres plus profondément au sein des syndicats et des mouvements prolétariens de masse. Comme l'avait montré l'expérience des bolcheviks un quart de siècle plus tôt, ce cours était essentiel pour préparer un parti communiste et ses cadres aux énormes pressions qui accompagneraient la guerre impérialiste, une guerre alors devenue inévitable.

Mais pour faire ces contributions au mouvement mondial, nous devons être capables d'accepter le bilan de l'expérience de la lutte de classe révolutionnaire depuis la deuxième guerre mondiale. Nous devons reconnaître que la théorie de la révolution permanente de Trotsky *n'est pas* une généralisation correcte du programme et de la stratégie historiques du communisme. Comparée aux rapports et résolutions des premières années du Comintern, qui s'enracinaient dans le programme et la stratégie du bolchevisme d'avant 1917, la théorie de la révolution permanente affaiblit plutôt qu'elle n'enrichit notre compréhension de l'alliance ouvrière et paysanne, et celle du rapport et de la transition qui existent entre la révolution démocratique et la révolution socialiste dans les nations opprimées par l'impérialisme. Pendant la plus grande partie de notre histoire, notre adhésion à la révolution permanente nous a conduits à ne pas accorder suffisamment d'attention à la reconquête de notre continuité politique dans les documents du Comintern et les écrits politiques de Lénine avant 1917. Elle nous a laissés avec une compréhension incomplète et unilatérale des préparatifs politiques de la révolution d'octobre et des racines du Comintern, nous privant ainsi de riches leçons.

Voilà ce que nous avons découvert dans le Parti socialiste des travailleurs au cours des cinq dernières années — depuis que nous avons effectué notre tournant vers l'industrie, que nous avons commencé à devenir plus prolétariens, que nous avons commencé à sortir de l'existence semi-sectaire que nous ont imposée les conditions des années 50 et 60, et que nous avons commencé à suivre de plus près le cours des révolutions et des directions prolétariennes en Amérique centrale et dans les Caraïbes.

Notre intégration croissante dans la classe ouvrière et dans le mouvement ouvrier de ce pays nous a d'abord ramenés vers Marx et Engels. Ceci a débuté en 1978, lorsque nous avons commencé le tournant vers l'industrie et qu'en même temps, nous nous sommes organisés pour lancer une école de cadres. Depuis sa première session, l'école s'est structurée autour d'une lecture et d'une étude intensives des écrits politiques de Marx et Engels : leur évolution vers le communisme scientifique dans les années 40 du dix-neuvième siècle ; leur participation à la fondation de la première organisation communiste de la classe ouvrière moderne en 1847-1848 et à la rédaction de son programme politique et de ses statuts ; leur participation en tant que dirigeants prolétariens à la révolution démocratique de 1848 en Allemagne, ainsi que les conclusions qu'ils ont tirées de celle-ci et des autres révolutions de 1848 ; leur rôle dans la fondation de la Première Internationale et dans la défense de ses fondements programmatiques et organisationnels contre les courants anarchistes et petits-bourgeois de tous genres ; les conclusions qu'ils ont tirées de la Commune de Paris ; les observations et les analyses approfondies qu'ils ont faites de la guerre civile et de la lutte des classes aux États-Unis ; et plus encore.

Puis, alors que la révolution s'approfondissait dans les Amériques, alors que nous devenions davantage un parti *de* la classe ouvrière dans ce pays et que se développpait notre compréhension de l'héritage de Marx et Engels, nous avons lancé dans chaque branche du SWP une lecture et une étude intensives des écrits politiques de Lénine[79].

Et nous avons découvert un Lénine et une continuité politique que nous ne connaissions pas.

Ce sont là des points forts du Parti socialiste des travailleurs au cours de ces dernières années. Nous avons répondu à la crise croissante du capitalisme et à la politisation de la classe ouvrière en adoptant des mesures audacieuses pour changer l'axe de notre activité et notre composition sociale, pour devenir un parti qui, dans sa composition et dans sa direction, comprend plus de jeunes travailleurs, plus de travailleurs qui sont noirs et plus de travailleurs dont la langue première est l'espagnol.

Nous avons su reconnaître et accueillir à bras ouverts l'émergence de directions prolétariennes de révolutions socialistes dans cet hémisphère et nous avons placé au centre de notre activité politique la défense de ces révolutions.

Nous n'avons pas eu peur d'apprendre du déroulement concret de la lutte de classe dans ce pays et à l'échelle mondiale et d'apprendre des autres révolutionnaires. Nous n'avons pas eu peur d'aborder les questions avec objectivité et de manière critique, y compris notre propre héritage. Et en le faisant, nous renforçons cet héritage.

Sous certains aspects, le tournant que je propose est un des plus grand changements dans notre mouvement depuis que nous avons émergé, il y a plus d'un demi-siècle, comme courant politique distinct dans la politique mondiale. Depuis, la théorie de la révolution permanente dans tous ses sens a été un concept qui a guidé l'ensemble de notre mouvement mondial, y compris le SWP.

Mais d'une manière encore plus importante, ce n'est pas un si grand changement. Il ne s'agit absolument pas d'un changement par rapport à la ligne de marche projetée par les premiers communistes scientifiques en 1847-1848 et que Marx et Engels ont suivie jusqu'à leur mort. Ce n'est pas un changement par rapport au programme et à la stratégie du bolchevisme qui, à partir de 1903, a jeté les fondements de la victoire de la première révolution socialiste, 14 ans plus tard — la première expérience faite par le prolétariat de sa dictature de classe. Ce n'est pas un changement par rapport au cours projeté entre 1919 et 1923 par l'Internationale communiste, à l'époque de Lénine.

Et ce n'est pas non plus un changement par rapport à la lutte politique menée par Trotsky à partir de la moitié des années 20 et au cours des années 30 pour préserver, développer et mettre en pratique cette continuité communiste contre les efforts d'une couche bureaucratique privilégiée en URSS qui cherchait à rejeter l'internationalisme prolétarien et à abandonner la lutte pour étendre la révolution socialiste mondiale. En fait, dans les années 80, c'est *seulement* en reconnaissant que la théorie de la révolution permanente est erronée en tant que généralisation du programme et de la stratégie communistes qu'il nous est possible de redécouvrir Trotsky, d'une façon plus riche et plus juste, comme le continuateur du combat de la classe ouvrière mondiale, combat qui a atteint son point culminant dans la victoire de la révolution russe et qui a connu de nouvelles victoires depuis.

Aujourd'hui, tous les révolutionnaires ont beaucoup à apprendre de Trotsky, qui a été un des grands marxistes de ce siècle et a contribué à nous transmettre ce que notre classe a appris de Marx, Engels et Lénine. Mais notre mouvement doit changer notre façon d'utiliser et d'expliquer les contributions de Trotsky.

Lorsque nous lirons les écrits de Trotsky aujourd'hui — après Cuba, le Nicaragua et la Grenade et après avoir commencé à vivre la politisation de la classe ouvrière dans ce pays — nous les trouverons plus utiles et ils nous ouvriront de nouvelles perspectives. Si ce n'était pas vrai, nous ne traiterions pas notre continuité comme un programme vivant. Car nous ne faisons pas que *puiser* dans notre programme, nous l'*enrichissons* aussi. Nous construisons et reconstruisons notre continuité de façon permanente. Nous enrichissons et modifions de façon critique la compréhension que nous en avons et nous l'appliquons à de nouvelles situations.

Notre continuité politique, c'est le programme et la stratégie du communisme depuis l'époque de Marx et Engels, en passant par la construction du Parti bolchevique par Lénine, la révolution de 1917 en Russie, la formation de l'Internationale communiste et la lutte pour la préserver, jusqu'aux documents fondateurs de la Quatrième Internationale et les ajouts qui y ont été faits par la suite.

En plus des oeuvres de Lénine, le meilleur endroit où découvrir cette continuité, c'est dans les documents des quatre premiers congrès du Comintern [80]. Lorsque nous lisons et étudions ces documents, nous nous imprégnons du cours politique qui a permis aux travailleurs et aux paysans de Russie de conquérir le pouvoir sous la direction des bolcheviks. Parce que le programme du Comintern incorpore et développe le programme et la stratégie synthétisés dans la formule de Lénine sur la dictature démocratique révolutionnaire du prolétariat et de la paysannerie.

Aujourd'hui, notre mouvement a besoin de lire, d'étudier et d'absorber la richesse des résolutions, rapports et débats de l'Internationale communiste. Ces documents nous aideront à nous préparer pour ce qui est devant nous dans la lutte de classe, dans ce pays et à travers le monde. C'est d'autant plus important de le faire que c'est précisément vers ces documents que d'autres révolutionnaires se tournent pour trouver des réponses. C'est un point que nous partageons avec eux.

Nous lirons les documents du Comintern non pas à travers les lunettes de la « révolution permanente, » mais en ayant les yeux tournés vers ce qui se passe aujourd'hui dans la lutte de classe mondiale. Nous lirons Lénine non pas avec les yeux de Trotsky, mais avec les nôtres et à partir de notre propre expérience, exactement comme l'a fait Trotsky.

Ce faisant, nous pourrons trouver chez Trotsky les écrits politiques les plus riches et la meilleure application du programme et de la stratégie communistes faite par un marxiste entre 1923 et 1940. Et cela, nous l'apporterons aux autres révolutionnaires.

En lisant Trotsky avec une connaissance plus complète de Marx, Engels et Lénine, nous acquerrons une compréhension encore meilleure de ses écrits. Nous pourrons encore mieux appliquer ces leçons aux développements qui se produisent dans la lutte des classes, dans ce pays et dans le monde.

Quand vous lisez les écrits politiques de Lénine, vous constatez qu'ils sont pleins de citations, références et paraphrases des écrits de Marx et Engels. En un tiers de siècle d'activité dans le mouvement ouvrier révolutionnaire, Lénine n'a pas épuisé les leçons politiques qu'il pouvait tirer de Marx et Engels. Quand Trotsky a été assassiné en 1940, il n'avait pas épuisé les leçons qu'il pouvait tirer de Marx, Engels et Lénine. Et nous pouvons être sûrs que, peu importe le degré de maturité que nous atteindrons dans la lutte ouvrière, aucun de nous n'épuisera les leçons que nous pouvons tirer de Marx, Engels, Lénine et Trotsky.

Si nous abordons notre continuité révolutionnaire de cette façon, les contributions de Trotsky trouveront leur place dans l'arsenal politique du mouvement communiste international à mesure que la révolution mondiale progressera.

Bien entendu, rien de tout cela ne se produira du jour au lendemain. Ce que nous vivons aujourd'hui, c'est une convergence *politique* internationale de communistes, mais sans cadre organisationnel commun ni perspectives immédiates d'en établir un. À quelle vitesse cette situation va changer et quelles formes elle pourra revêtir, ceci sera déterminé par des forces de classe et des développements considérables dans la politique mondiale qui sont hors de notre contrôle immédiat ou de celui de n'importe quel courant révolutionnaire. Ici comme pour tout ce que nous faisons, l'objectivité, le sens de faire partie de l'histoire vivante, et même un peu de patience combinée à un sens des proportions : voilà des qualités utiles pour les communistes.

Carlos Rafael Rodríguez, un dirigeant du Parti communiste de Cuba, fait preuve de ces trois qualités dans un passage pénétrant de son article « Lénine et la question coloniale, » écrit en 1970.

Après avoir résumé le rapport et les thèses de Lénine sur la question nationale et coloniale adoptés par le deuxième congrès du Comintern, Rodríguez pose la question :

« Quel a été le verdict de l'histoire ? »

« Il ne nous est pas possible, répond-il, de procéder à un examen systématique de la façon dont les thèses de Lénine ont été appliquées à la réalité des mouvements coloniaux et semi-coloniaux. »

> Non seulement ceci déborderait-il le cadre de cette étude, dont l'objectif principal en est un de vulgarisation, mais les circonstances elles-mêmes le rendent indésirable. Car la première question posée serait : à quel point les thèses de Lénine ont-elles véritablement été mises en pratique ? Cette question nous conduirait à examiner complètement toute la politique de l'Internationale communiste et de ses sections pendant une longue période historique. Le faire dans les conditions de désaccord qui prévalent encore dans le mouvement communiste international serait impossible.

Rodríguez fait preuve ici de patience et d'un sens de l'histoire. Il a confiance qu'à mesure que changeront les temps, changera aussi ce qui peut et doit être dit. Retournant à la question « À quel point les thèses de Lénine ont-elles réellement été mises en pratique ? » il poursuit :

Mais il est pour le moins indispensable d'enregistrer le fait que le problème existe et que le moment viendra où il sera non seulement possible, mais aussi nécessaire de l'aborder en profondeur. Le fait que la lutte de Trotsky et de Zinoviev contre la politique de J. V. Staline en Chine en 1926-1927 se trouve au centre de la question n'autorise personne à déclarer, de façon péremptoire et a priori, que la solution réside dans la simple justification des décisions officielles de l'Internationale communiste.

La question sans réponse de Rodríguez est en fait ce que Schafik Jorge Handal, ce dirigeant du Parti communiste salvadorien, commence à aborder dans l'article dont nous avons parlé plus tôt. C'est une question que les dirigeants cubains continuent de poser en aidant à tirer et à généraliser les leçons de leurs propres expériences et de celles des travailleurs et paysans des Caraïbes, de l'Amérique centrale et de l'Amérique du Sud.

Nous du SWP, nous pouvons et devons exprimer nos propres conclusions aujourd'hui sur ces questions. Et pour paraphraser Rodríguez, nous pouvons être sûrs que lorsque le temps viendra où il sera non seulement possible mais aussi nécessaire pour l'ensemble du mouvement communiste révolutionnaire d'aborder ces questions en profondeur, nous aurons une contribution à faire que les autres révolutionnaires écouteront et prendront en considération, comme nous le ferons pour les leurs. *Notre* Trotsky — le continuateur du cours de Lénine, le communiste prolétarien — y trouvera sa place.

Il y a beaucoup de choses que nous n'avons aucune façon de savoir à l'avance quant au résultat de la présente convergence politique des révolutionnaires. Mais à mon avis, il y a une chose que nous pouvons dire probable : *communisme* sera le nom commun de l'organisation ouvrière internationale qui se développera à partir de ce processus actuellement en cours. Tel sera le nom des partis ouvriers révolutionnaires qui se formeront et de l'organisation de direction internationale qu'ils forgeront.

Ce sera vrai pour la même raison que Marx et Engels ont adopté ce nom.

Pour la même raison que les bolcheviks en 1918 ont changé le nom de leur parti de Parti ouvrier social-démocrate de Russie en Parti communiste.

Et pour la même raison que la nouvelle Internationale révolutionnaire a reçu ce nom en 1919. Les bolcheviks auraient certainement pu suggérer qu'elle soit appelée l'Internationale bolchevique. Les travailleurs avancés du monde entier l'auraient saluée par des cris de joie. S'il y a jamais eu de héros des opprimés et des exploités du monde, c'était bien les bolcheviks dans ces années-là — des révolutionnaires qui avaient fait le boulot, qui avaient pris le pouvoir et commencé à aider les travailleurs à faire de même partout dans le monde.

Mais les bolcheviks ont dit non : le mot correct est *communiste*. Comme Lénine l'avait expliqué plus tôt pour motiver l'adoption de ce nom par le Parti bolchevique, le mot *socialiste* ne ferait pas l'affaire. Socialiste *est* la description correcte de la révolution contre la domination capitaliste et de la nouvelle société que la dictature du prolétariat rendra au début possible à l'échelle mondiale. S'appuyant sur Marx et Engels, Lénine a expliqué que ce nouvel ordre mondial socialiste sera basé sur la propriété étatique des moyens de production et que la richesse produite collectivement par la société sera répartie « selon le travail de chacun. »

Cependant, a poursuivi Lénine, « notre parti vise plus loin : le socialisme doit inévitablement se transformer peu à peu en communisme. » Avec son abondance et sa capacité productive hautement développée, une société communiste pourra alors répartir sa richesse en fonction du principe : « De chacun selon ses capacités, à chacun selon ses besoins [81]. »

C'est pourquoi Marx et Engels ont choisi le nom de *Manifeste du Parti communiste* pour le premier document du prolétariat qui généralise sa ligne de marche pendant toute l'époque historique de sa lutte pour devenir dominant dans le monde et jeter ainsi les bases pour l'abolition de toutes les classes et de toutes les formes d'exploitation et d'oppression.

Pendant un quart de siècle, la Deuxième Internationale a incarné la continuité du marxisme. En 1914, elle a trahi cet héritage. La décision d'appeler *communiste* l'organisation qui lui a succédé a donc signifié non seulement revenir à un nom, mais aussi renouer un fil qui pourrait plus solidement lier la nouvelle Troisième Internationale à sa véritable continuité.

Le Mouvement du 26 juillet aurait également pu revendiquer de garder un nom lié à ses origines et à son histoire spécifiquement cubaines. Mais les dirigeants de la révolution cubaine ont choisi de ne pas le faire. Après plusieurs années de discussion, ils ont proposé le nom de Parti communiste. Et c'est celui qui a été adopté en 1965.

Communisme. Voilà l'héritage commun que chaque révolutionnaire, provenant de tous les horizons, trouvera utile à mesure que nous avancerons et que nous nous rapprocherons.

La plupart d'entre nous n'appellerons plus notre mouvement « trotskyste » d'ici la fin de cette décennie, tout comme Trotsky ne l'a jamais fait. Nous du Parti socialiste des travailleurs, nous sommes communistes. Comme Trotsky.

Évidemment, ce changement dans la façon de nous faire appeler et de nous appeler nous-mêmes ne se produira que s'il y a un progrès révolutionnaire dans la lutte de classe internationale. Sans avancées de la révolution ouvrière internationale, sans convergences ni fusions, chaque courant se trouvera marqué par la façon dont les autres le considèrent, qui découle de leurs origines particulières. Ça ne sert à rien de rouspéter à ce sujet. C'est simplement ainsi que les choses vont se passer.

Mais ce n'est *pas* ce qui se produit dans le monde actuellement. Ce qui se produit, c'est une montée générale de la lutte de classe internationale, avec pour centre l'extension de la révolution socialiste en Amérique centrale et dans les Caraïbes.

Aujourd'hui, beaucoup utilisent toujours le nom de communistes sans le mériter. Mais ceci aussi va changer à mesure que les travailleurs révolutionnaires avanceront et présenteront une direction alternative. Ces travailleurs reprendront ce nom.

Ainsi que Trotsky avait confiance qu'elle le ferait, la classe ouvrière internationale a fait de nouvelles conquêtes et se bat pour prendre la direction de la lutte pour la libération nationale, pour l'émancipation des femmes, pour les droits démocratiques et contre la guerre impérialiste. Comme nous l'avons appris de Trotsky, la défense de chaque progrès fait par les masses travailleuses, aussi petit soit-il, de chaque avancée de la lutte pour la libération nationale, en même temps que la défense inconditionnelle des conquêtes de la révolution russe et de tous les autres États ouvriers qui ont suivi, sont essentielles pour étendre la révolution socialiste mondiale et régénérer le communisme.

Comme d'autres combattants de notre classe dans le monde, nous du Parti socialiste des travailleurs sommes en train de nous réapproprier et d'enrichir notre compréhension de la continuité politique du communisme. Nous trouvons des façons d'expliquer aux autres travailleurs de ce pays pourquoi notre classe a besoin d'un gouvernement des travailleurs et des agriculteurs. Et nous utilisons les exemples de Cuba, du Nicaragua et de la Grenade pour montrer ce que les travailleurs peuvent accomplir lorsque nous conquérons le pouvoir politique.

C'est en suivant cette voie que nous construirons dans ce pays un parti communiste centralisé et prolétarien. C'est en suivant cette voie que nous participerons à la renaissance d'un véritable mouvement communiste au niveau mondial. Et c'est en suivant cette voie que notre classe ici aux États-Unis se joindra, en militants dévoués, à une révolution socialiste américaine en marche.

Notes

Toutes les citations déjà publiées en français de Trotsky, d'autres dirigeants communistes et des documents de l'Internationale communiste ont été vérifiées et corrigées auprès des traductions correspondantes en anglais des éditions Pathfinder.

Certaines références aux ouvrages des éditions Pathfinder peuvent ne pas correspondre à la pagination de titres déjà en circulation. Depuis 1998, une équipe internationale de quelque 150 volontaires travaille à numériser tous les titres des éditions Pathfinder afin de permettre à la maison d'édition de produire ses livres de manière plus économique à l'aide de nouvelles procédures d'impression. Pour faciliter la lecture, ces volontaires ont augmenté la taille des caractères et reformaté plusieurs livres et brochures, ce qui en a modifié la pagination.

1. James P. Cannon. *L'histoire du trotskysme américain, 1928-1938*, New York, Pathfinder, 2002.

2. *Plataforma Programática del Partido Comunista de Cuba* [Plateforme programmatique du Parti communiste de Cuba], La Havane, Editorial de Ciencias Sociales, 1978.

3. Jesús Montané Oropesa, « El auge popular en América Latina — Discurso de apertura a la Conferencia Teórica Internacional » [L'essor populaire en Amérique latine — discours d'ouverture de la Conférence théorique internationale], *Perspectiva Mundial*, n° 24, janvier 1983, p. 16-20. Publié en anglais sous le titre « Speech by Cuban Leader Jesús Montané » [Discours du dirigeant cubain Jesús Montané], *Intercontinental Press*, 31 janvier 1983, p. 58-61.

4. Manuel Piñeiro, « Claves de la victoria revolucionaria — La unidad, las masas y las armas en la lucha por el poder político » [Les clés de la victoire révolutionnaire : l'unité, les masses et les armes dans la lutte pour le pouvoir politique], *Perspectiva Mundial*, n° 24, janvier 1983, p. 21-22. Publié en anglais sous le titre « Three Keys to Revolutionary Victory » [Trois clés pour la victoire révolutionnaire], *Intercontinental Press*, 31 janvier 1983, p. 62-64.

5. Pour une discussion des trois premiers congrès du Comintern par Farrell Dobbs, un dirigeant du SWP pendant de nombreuses années, voir Farrell Dobbs, *Revolutionary Continuity: Birth of the Communist Movement, 1918-22*, [La continuité révolutionnaire : la naissance du mouvement communiste, 1918-1922], New York, Pathfinder, 1983.

6. Schafik Jorge Handal, « El poder, el carácter y viá de la revolución y la unidad de la izquierda » [Le pouvoir, le caractère et la voie de la révolution, et l'unité de la gauche], *Perspectiva Mundial*, 13 juin 1983, p. 17-23. Publié en anglais sous le titre « Salvadoran FMLN Leader Discusses Strategy for Latin American Revolution » [Un dirigeant du FMLN salvadorien discute de la stratégie de la révolution latino-américaine], *Intercontinental Press*, 15 novembre 1982, p. 819-824.

7. Traduit de « The Organizational Structure of the Communist Parties, the Method and Content of their Work, » *Theses, Resolutions and Manifestos of the First Four Congresses of the Third International*, Londres, Ink Links, 1980, p. 259. Publié en français dans « Thèses sur la structure, les méthodes et l'action des partis communistes », *Manifestes, thèses et résolutions des quatre premiers congrès mondiaux de l'Internationale communiste, 1919-1923*, Paris, librairie du Travail, 1934 ; réédition en fac-similé, François Maspero, 1975, p. 121.

8. Karl Marx et Friedrich Engels, *Manifeste du Parti communiste*, Paris, Flammarion, 1998, p. 100.

9. K. Marx et F. Engels, *Manifeste du Parti communiste*, p. 26.

10. *Founding the Communist International: Proceedings and Documents of the First Congress, March 1919* [Fondation de l'Internationale communiste : débats et documents du premier congrès, mars 1919], New York, Pathfinder, 1987, p. 243. Publié en français

dans « Plateforme de l'Internationale communiste, » *Manifestes, thèses et résolutions des quatre premiers congrès mondiaux de l'Internationale communiste, 1919-1923*, p. 19.

11. L. Trotsky, « The Death Agony of Capitalism and the Tasks of the Fourth International, » *The Transitional Program for Socialist Revolution* [« L'agonie du capitalisme et les tâches de la Quatrième Internationale, » Le programme de transition pour la révolution socialiste], New York, Pathfinder, 1977. Publié en français dans Léon Trotsky, *Programme de transition*, Montreuil, La taupe rouge, 1977, p. 50-51. Le programme de transition a d'abord été adopté par le Parti socialiste des travailleurs en 1938. Voir *The Founding of the Socialist Workers Party: Minutes and Resolutions, 1938-39* [La fondation du Parti socialiste des travailleurs : procès-verbaux et résolutions, 1938-1939], New York, Pathfinder, 1982.

12. Carlos Rafael Rodríguez, *Cuba en el tránsito al socialismo. Lenin y la cuestión nacional* [Cuba dans le passage au socialisme. Lénine et la question nationale], Mexico, Siglo XXI Editores, 1978. Publié en anglais sous le titre « Lenin and the Colonial Question » [Lénine et la question coloniale], *New International,* n° 1, 1983.

13. F. Engels, « The Communists and Karl Heinzen » [Les communistes et Karl Heinzen], dans K. Marx and F. Engels, *Collected Works*, New York, International Publishers, 1976, vol. 6, p. 303-304.

14. K. Marx et F. Engels, *Manifeste du Parti communiste,* p. 91.

15. K. Marx, « Lettre à J. Weydemeyer, 5 mars 1852 » dans K. Marx et F. Engels, *Correspondance,* Moscou, éditions du Progrès, 1976, p. 65.

16. L. Trotsky, *The First Five Years of the Communist International* [Les cinq premières années de l'Internationale communiste], New York, Pathfinder, 1972, vol. 1, p. 122. Publié en français dans « Le monde capitaliste et l'Internationale communiste, » *Manifestes, thèses et résolutions des quatre premiers congrès mondiaux de l'Internationale communiste, 1919-1923,* p. 77.

17. Vladimir I. Lénine, « Rapport de la commission nationale et coloniale » dans V. I. Lénine, *Oeuvres complètes* (par la suite *LOC*), Paris, éditions Sociales ; et Moscou, éditions du Progrès, 1976, vol. 31, p. 251-252.

18. V. I. Lénine, « Rapport sur la situation internationale et les tâches fondamentales de l'Internationale communiste, » *LOC*, vol. 31, p. 239.

19. *Workers of the World and Oppressed Peoples, Unite!* [Travailleurs du monde entier et peuples opprimés, unissez-vous !], New York, Pathfinder, 1991, vol. 2, p. 696. Publié en français dans « Statuts de l'Internationale communiste, » *Manifestes, thèses et résolutions des quatre premiers congrès mondiaux de l'Internationale communiste, 1919-1923*, p. 37.

20. V. I. Lénine, « Rapport sur la tactique du Parti communiste de Russie, » *LOC*, vol. 32, p. 513.

21. V. I. Lénine, « La maladie infantile du communisme (le « gauchisme »), » *LOC*, vol. 31, p. 15-16.

22. V. I. Lénine, « Nouveaux temps, anciennes erreurs sous une forme nouvelle, » *LOC*, vol. 33, p. 19.

23. L. Trotsky, « Manifesto on China of the International Left Opposition, » *Leon Trotsky on China* [« Manifeste sur la Chine de l'Opposition de gauche internationale, » Léon Trotsky sur la Chine], New York, Pathfinder, 1976, p. 528. Publié en français dans L. Trotsky, « Aux communistes chinois et du monde entier ! » *La question chinoise dans l'Internationale communiste (1926-1927)*, Paris, Études et documentation internationales, 1976, p. 489.

24. « The Platform of the Opposition » dans L. Trotsky, *The Challenge of the Left Opposition (1926-27)* [« La plateforme de l'Opposition, » Le défi de l'Opposition de gauche (1926-1927)], New York, Pathfinder, 1980, p. 368-373. Publié en français dans L. Trotsky, « La défaite de la révolution chinoise : ses raisons, » *La lutte antibureaucratique en URSS*, Paris, Union générale d'édition, collection 10/18, 1975, vol. 1, p. 218-219.

25. L. Trotsky, « Class Relations in the Chinese Revolution, » *Leon Trotsky on China*, p. 156-157. Publié en français dans L. Trotsky, « Les rapports de classe dans la révolution chinoise, » *La question chinoise dans l'Internationale communiste (1926-1927)*, p. 128-129. On trouvera dans le cinquième numéro de la revue *New International*, New York, 1985, la traduction en anglais d'un autre article de 1927 de Léon Trotsky intitulé « Quels étaient mes désaccords avec Lénine sur le caractère de la révolution russe. »

26. L. Trotsky, *The Third International After Lenin*, New York, Pathfinder, 1996, p. 142. Publié en français dans L. Trotsky, *L'Internationale communiste après Lénine*, Paris, Presses universitaires de France, 1976, p. 237.

27. L. Trotsky, *The Permanent Revolution and Results and Prospects*, New York, Pathfinder, 1969. En français : L. Trotsky, *La révolution permanente*, Paris, Minuit, 1963 ; et *1905* suivi de *Bilan et perspectives*, Paris, Minuit, 1969.

28. *Results and Prospects*, p. 69 et 122. En français : L. Trotsky, *1905*, suivi de *Bilan et perspectives*, p. 424 et 470.

29. V. I. Lénine, « L'objectif de la lutte du prolétariat dans notre révolution, » *LOC*, vol. 15, p. 405-406.

30. V. I. Lénine, « La Troisième Internationale et sa place dans l'histoire, » *LOC*, vol. 29, p. 313.

31. L. Trotsky, « The Social Forces in the Russian Revolution » dans *Lenin's Struggle for a Revolutionary International* [« Les forces sociales dans la révolution russe » dans Le combat de Lénine pour une Internationale révolutionnaire], New York, Pathfinder, 1984, p. 515-521. Publié en français dans L. Trotsky, « Catastrophes militaires et perspectives politiques, » *La guerre et la révolution*, Paris, Tête de feuilles, 1974, p. 167.

32. V. I. Lénine, « À propos des deux lignes de la révolution, » *LOC*, vol. 21, p. 436.

33. V. I. Lénine, « Deux tactiques de la social-démocratie dans la révolution démocratique, » *LOC*, vol. 9, p. 9-139.

34. L. Trotsky, « Speech to the Seventh (Enlarged) Plenum of the ECCI » [Discours au septième plénum (élargi) du Comité exécutif de l'Internationale communiste], *The Challenge of the Left Opposition (1926-27)*, p. 176-179.

35. Isaac Deutscher, *Le prophète armé*, Paris, Union générale d'édition, collection 10/18, 1972, p. 386.

36. L. Trotsky, « Open Letter to the Editorial Board of *Kommunist* » [Lettre ouverte au comité directeur de *Kommunist*], dans *Lenin's Struggle for a Revolutionary International*, p. 235-238.

37. V. I. Lénine, « La guerre et la social-démocratie russe, » *LOC*, vol. 21, p. 27.

38. On trouvera dans *Lenin's Struggle for a Revolutionary International*, le livre des éditions Pathfinder cité plus haut, un compte rendu complet du combat livré pour un cours internationaliste prolétarien pendant la première guerre mondiale. Ce recueil comprend des articles et discours de Lénine, de Trotsky et d'autres dirigeants des ailes révolutionnaire, centriste et social-patriote du mouvement ouvrier international, ainsi que des documents de la gauche de Zimmerwald.

39. V. I. Lenin, « The Irish Rebellion of 1916 » [La rébellion irlandaise de 1916] et L. Trotsky, « Lessons of the Events in Dublin » [Leçons des événements à Dublin], *New International*, n° 1, 1983, p. 149-151. On trouvera aussi ces deux articles dans *Lenin's Struggle for a Revolutionary International*. L'article de Lénine est paru en français dans « Bilan d'une discussion sur le droit des nations à disposer d'elles-mêmes, » *LOC*, vol. 22, p. 381-383.

40. L. Trotsky, « The Lessons of the Great Year » [Les leçons de la grande année], dans *Our Revolution* [Notre révolution], New York, Henry Holt & Co., 1918, p 176-177.

41. L. Trotsky, *The Challenge of the Left Opposition (1923-25)* [Le défi de l'Opposition de gauche, 1923-1925], New York, Pathfinder, 1975, p. 263.

42. L. Trotsky, *The Challenge of the Left Opposition (1926-27)*, p. 372. En français : L. Trotsky, *La lutte antibureaucratique en URSS*, vol. 1, p. 222.

43. L. Trotsky, « The Chinese Revolution and the Theses of Comrade Stalin, » *Leon Trotsky on China*, p. 178. En français : L. Trotsky, « La révolution chinoise et les thèses de Staline, » *La question chinoise dans l'Internationale communiste*, p. 193.

44. L. Trotsky, « Summary and Perspectives of the Chinese Revolution, » *The Third International After Lenin*, p. 180-240. Aussi publié dans *Leon Trotsky on China*, p. 320-376. Publié en français dans L. Trotsky, « Bilan et perspectives de la révolution chinoise, » *La Troisième Internationale après Lénine*, p. 284-366.

45. L. Trotsky, « Report on the Fourth World Congress » [Rapport sur le quatrième congrès mondial], *The First Five Years of the Communist International*, vol. 2, p. 324.

46. L. Trotsky, « Theses on the Economic Situation of Soviet Russia from the Standpoint of the Socialist Revolution » [Thèses sur la situation économique de la Russie soviétique du point de vue de la révolution socialiste], *The First Five Years of the Communist International*, vol. 2, p. 269.

47. L. Trotsky, « Is the Time Ripe for the Slogan : 'The United States of Europe'? » dans *The First Five Years of the Communist International*, vol. 2, p. 345. Publié en français dans L. Trotsky, *De l'opportunité du mot d'ordre des États-Unis d'Europe*, Paris, Maspero, série « classiques rouges » n° 10, 1972, p. 21.

48. Fidel Castro, *Fidel Castro Speeches: Cuba's Internationalist Foreign Policy* [Discours de Fidel Castro : la politique étrangère internationaliste de Cuba], New York, Pathfinder, 1981, p. 11. Publié en français dans Fidel Castro, *Bilan de la révolution cubaine*, Paris, Maspero, 1976, p. 269.

49. Jean Van Heijenoort, *Sept ans auprès de Léon Trotsky*, Paris, Lettres nouvelles, 1978.

50. L. Trotsky, « Declaration of the Bolshevik-Leninist Delegation at the Conference of Left-Socialists and Communist Organizations, » *Writings of Leon Trotsky, 1933-34* [« Déclaration de la délégation bolchevique-léniniste à la conférence des organisations socialistes de gauche et communistes, » Écrits de Léon Trotsky, 1933-1934], New York, Pathfinder, 1975, p. 40. En français : L. Trotsky, « Pour une nouvelle Internationale » dans *Oeuvres, juillet-octobre 1933*, Paris, Études et documentation internationales, 1978, p. 83-84.

51. « Imperialist War and the Proletarian World Revolution, » *Documents of the Fourth International, 1933-40*, New York, Pathfinder, 1973, p. 327. Publié en français dans « La guerre impérialiste et la révolution prolétarienne mondiale, » *Les congrès de la Quatrième Internationale 1930-1940*, Paris, la Brèche, 1978, p. 354.

52. L. Trotsky, « The USSR in War, » *In Defense of Marxism*, New York, Pathfinder, 1995, p. 64. Publié en français dans L. Trotsky, « L'URSS en guerre, » *Défense du marxisme*, Paris, Études et documentation internationales, 1972, p. 124.

53. « The Colonial World and the Second Imperialist War, » *Documents of the Fourth International*, p. 391. En français : « Le

monde colonial et la seconde guerre mondiale, » *Les congrès de la Quatrième Internationale 1930-1940*, p. 413.

54. L. Trotsky, « Closer to the Proletarians of the 'Colored' Races! » [Plus près des prolétaires des races 'de couleur' !], *Writings of Leon Trotsky, 1932*, New York, Pathfinder, 1973, p. 112.

55. L. Trotsky, *Writings of Leon Trotsky, 1937-38*, New York, Pathfinder, 1976, p. 27. Publié en français dans L. Trotsky, *L'actualité du « Manifeste communiste »*, Paris, Maspero, 1969, Série « classiques rouges, » p. 9.

56. L. Trotsky, *Leon Trotsky on Black Nationalism and Self-Determination* [Léon Trotsky sur le nationalisme et l'autodétermination des Noirs], New York, Pathfinder, 1978.

57. J. Van Heijenoort, *Sept ans auprès de Léon Trotsky*, 1978, p. 191.

58. L. Trotsky, *The Transitional Program*, p. 184. En français : L. Trotsky, *Programme de transition*, p. 72.

59. J. Van Heijenoort, *Sept ans auprès de Léon Trotsky*, 1978, p. 213.

60. L. Trotsky, *Writings of Leon Trotsky, 1939-40*, New York, Pathfinder, 1973, p. 63-84. Publié en français dans L. Trotsky, « Trois conceptions de la révolution » dans *Bolchevisme contre stalinisme*, Montreuil, La taupe rouge, 1977, p. 37-58.

61. L. Trotsky, *The Permanent Revolution*, p. 172. En français : L. Trotsky, *La révolution permanente*, p. 48.

62. Trotsky, *Leon Trotsky on China*, p. 640-54. En français : L. Trotsky, « Révolution et guerre en Chine » dans *Oeuvres, janvier-mars 1938*, tome 16, Paris, Institut Léon Trotsky, p. 146-160.

63. Voir J. Barnes, *For a Workers and Farmers Government in the United States* [Pour un gouvernement des travailleurs et des agriculteurs aux États-Unis], New York, Pathfinder, 1985, ainsi que son article du même nom dans le quatrième numéro de la revue *New International*.

64. L. Trotsky, « The Death Agony of Capitalism and the Tasks of the Fourth International, » *The Transitional Program for Socialist Revolution*, p. 135-185. En français : L. Trotsky, *Programme de transition*.

65. J. Barnes, *For a Workers and Farmers Government in the United States*, p. 5. Voir aussi Joseph Hansen, *The Workers and Farmers Governments* [Les gouvernements des travailleurs et des agriculteurs], New York, Pathfinder, 1974.

66. « The International Left Opposition, Its Tasks and Methods » [L'Opposition de gauche internationale, ses tâches et ses méthodes], *Documents of the Fourth International*, p. 24. Publié en français dans *Les congrès de la Quatrième Internationale, 1930-1940*, p. 62.

67. L. Trotsky, « The Spanish Revolution and the Dangers Threatening It, » *The Spanish Revolution (1931-39)*, New York, Pathfinder, 1973, p. 125-149. Publié en français dans L. Trotsky, « La révolution espagnole et les dangers qui la menacent, » *La révolution espagnole*, Paris, Minuit, 1975, p. 118-119.

68. L. Trotsky, « The Political Situation in China and the Tasks of the Bolshevik-Leninist Opposition » [La situation politique en Chine et les tâches de l'Opposition bolchevique-léniniste], *Leon Trotsky on China*, p. 448.

69. L. Trotsky, « For a Strategy of Action, Not Speculation » [Pour une stratégie d'action, pas de spéculation], *Leon Trotsky on China*, p. 591.

70. L. Trotsky, « On the Declaration of the Indochinese Oppositionists » [Sur la déclaration des membres indochinois de l'Opposition], *Writings of Leon Trotsky, 1930-31*, p. 29-33.

71. L. Trotsky, « On the South African Theses » [Sur les thèses sud-africaines], *Writings of Leon Trotsky, 1934-35*, New York, Pathfinder, 1974, p. 335-343. Publié en français dans L. Trotsky, « Le problème national et les tâches du parti prolétarien, » *Oeuvres, janvier-juin 1935*, p. 242-252. Voir aussi L. Trotsky, *The Transitional Program for Socialist Revolution*, p. 72-73.

72. Pour une présentation plus complète des questions politiques et théoriques soulevées par Ernest Mandel, voir Doug Jenness, E. Mandel, *Bolshevism and the Russian Revolution: A Debate* [Le bolchevisme et la révolution russe : un débat], New York, Pathfinder, 1985. Ces textes ont été publiés en français dans la revue *Quatrième Internationale*, Bruxelles, Nouvelles éditions internationales, troisième série, n° 10, 1983.

73. George Breitman, *How a Minority Can Change Society* [Comment une minorité peut changer la société], New York, Pathfinder, 1971, p. 25.

74. *Dynamics of World Revolution Today* [Dynamique actuelle de la révolution mondiale], New York, Pathfinder, 1974, p. 19. Publié en français sous le titre « Les bases théoriques et politiques de la réunification, » *Quatrième Internationale*, Bruxelles, Nouvelles éditions internationales, juillet 1963, p. 8.

75. Voir J. Hansen, *The Workers and Farmers Governments*.

76. Jack Barnes, « Le tournant et la construction d'un mouvement communiste international » dans *Le visage changeant de la politique aux États-Unis : la politique ouvrière et les syndicats*, Pathfinder, 1997, p. 235-242.

77. Voir *La révolution socialiste et la lutte de libération des femmes*, Pathfinder, New York, 1997. Cette résolution et le rapport de Mary-Alice Waters la présentant ont été adoptés lors du congrès d'août 1979 du Parti socialiste des travailleurs. Le rapport de Mary-Alice Waters a été publié dans *Women's Liberation and the Line of March of the Working Class* [La libération des femmes et la ligne de marche de la classe ouvrière], vol. 1, New York, Pathfinder, 1992. Plus tard la même année, Mary-Alice Waters a aussi présenté le rapport sur cette résolution lors du congrès mondial de la Quatrième Internationale.

78. Le rapport et la résolution sur le Nicaragua présentés par le Parti socialiste des travailleurs lors du congrès mondial de 1979 sont publiés en anglais dans le neuvième numéro de la revue *New International*, p. 57-116, et en espagnol dans le troisième numéro de *Nueva Internacional*, p. 65-130. On trouvera d'autres rapports et résolutions de ce congrès dans *XIe congrès mondial de la IVe Internationale*, Imprecor/Intercontinental Press, Paris, sans date.

79. Les manuels d'étude de Lénine sont disponibles dans *Two Study Guides on Lenin's Writings*, New York, Pathfinder, 1988.

80. En plus des titres déjà cités, le recueil *Discours aux congrès de l'Internationale communiste* de V. I. Lénine, Paris, éditions Sociales, 1973, constitue une des meilleures références à cet égard. Depuis que cette présentation a été faite en 1982, les éditions Pathfinder ont publié six ouvrages dans la série « The Communist International in

Lenin's Time » [L'Internationale communiste du temps de Lénine]. Ceux-ci comprennent les documents des deux premiers congrès de l'Internationale communiste, publiés dans *Founding the Communist International* [La fondation de l'Internationale communiste] et *Workers of the World and Oppressed Peoples, Unite!* [Travailleurs du monde et peuples opprimés, unissez-vous !] (en deux tomes).

81. V. I. Lénine, « Les tâches du prolétariat dans notre révolution » dans *LOC*, vol. 24, p. 77-78.

Index

Adams, Sam, 64
Afrique du Sud, 138
Algérie, 16, 128, 141, 144
Allemagne, 76, 109, 115, 152, 154
Allende, Salvador, 46
Alliance des jeunes socialistes (YSA), 9, 64
Amérique centrale et Caraïbes, 10-11, 56-57, 66, 68, 151, 154, 163 ; préparatifs de guerre en, 31-32
Anthony, Susan B., 64
Armée rouge, 117

Bishop, Maurice, 11, 26
Bloc d'août, 94
Boukharine, Nicolaï, 32, 65, 77, 79, 80, 82-83, 100, 101, 122, 141
Breitman, George, 143
Brest-Litovsk, accord de, 99

Cannon, James P., 18, 24, 28, 37-38, 106, 153
Castro, Fidel, 11, 39, 42, 43, 106
Chili, 45, 46
Chine, révolution, 51, 66, 77-81, 131, 136-137 ; changement d'approche de Trotsky, 81-83, 100-105, 119-120 ; de 1949, 104 ; politique de Staline, 77-79, 160 ; rôle des paysans, 16, 79-80, 103 ; rôle des soviets, 78, 80-81
Commune de Paris, 53-54, 154
Communisme : reprendre le nom de, 160-163
Communisme de guerre, 105
Corée, 66, 133
Cuba, 32, 39, 44-47, 50, 51-52, 63-64, 66, 73, 128, 133, 141, 156, 163
Cuba, révolution, 10, 26, 47, 59, 62-63 ; dictature démocratique révolutionnaire, 38-39 ; diriger les travailleurs et les paysans vers le pouvoir, 48 ; renaissance du communisme, 148 ; révolution agraire, 39-40. *Voir aussi* Mouvement du 26 juillet ; Parti communiste de Cuba

Dictature démocratique révolutionnaire du prolétariat et de la paysannerie, 86-87, 100-101, 120-123, 135, 140, 157 ; conception de Trotsky avant la révolution de 1917, 85-86 ; conceptions de Trotsky et de l'Opposition unifiée, 79-81, 100-101, 122 ; conception de Trotsky à la fin des années 20 et pendant les années 30, 100-102, 118, 119-122, 126-127, 129
Dictature du prolétariat, 129, 130, 151 ; Comintern et, 65-66, 71, 73 ; contribution de Marx, 60-61 ; Cuba, révolution, 39-41 ; révolution russe, 64 ; tâches démocratiques et socialistes, 131-132
Dobbs, Farrell, 9, 14, 17, 28

Engels, Friedrich, 12, 28, 34, 53-56, 64, 150, 154, 155, 156, 161 ; communisme en tant que mouvement, 59-60 ; révolution démocratique en Russie, 69-70
Espagne, 109, 115, 152
États ouvriers, 15, 16, 25-26, 62, 66,

73, 111-113, 120, 128, 129, 133, 137, 146, 151-152, 163
Europe de l'Est, 66

France, 127, 152
Frank, Pierre, 110, 141-142, 144
Front Farabundo Martí de libération nationale (FMLN), 15, 31-32, 45
Front populaire, 152
Front sandiniste de libération nationale (FSLN), 15, 26, 32, 45, 147

Gouvernement des travailleurs et des agriculteurs, 18, 44, 48, 57, 125-146, 163 ; en Algérie, 15-16, 141, 144 ; comme alliance de classes exploitées, 19-20, 75 ; comme antichambre de la dictature du prolétariat, 11, 16-17, 105, 106, 127, 128, 145 ; à Cuba, 15-16, 73, 141 ; à la Grenade, 10, 25-26, 73, 133, 141 ; leçons de l'Internationale communiste, 65, 72-73, 125-126 ; leçons des révolutions après la deuxième guerre mondiale, 73, 128-129 ; leçons de la Russie soviétique, 73 ; comme mot d'ordre transitoire, 144-145 ; au Nicaragua, 10, 25-26, 73, 133, 141, 142, 151 ; et révolution anticapitaliste, 15-17, 144-145
Grenade, révolution, 10, 15, 25-26, 31-32, 41, 44, 45, 56, 59, 62, 141, 142, 148, 156
Guatemala, 41
Guerre mondiale, deuxième, 37, 63, 107, 112, 115, 125, 127, 128, 153
Guerre mondiale, première, 62, 93
Guevara, Ernesto Che, 11, 41

Handal, Schafik Jorge, 45-56, 71, 130, 133, 145, 160 ; et Chili, 45, 46 ; Cuba n'est pas une exception « particulière », 47 ; et lutte pour le pouvoir, 46, 49. *Voir aussi* Salvador, révolution
Hansen, Joseph, 15-17, 28, 128
Heijenoort, Jean Van, 110, 115, 116-117
Helphand, Alexandre (Parvus), 85

Indochine, 137-138
Internationale communiste, 44, 99, 106, 113, 114, 140, 147, 150, 156, 159-160 ; continuité politique avec quatre premiers congrès, 12, 17-18, 32, 37-38, 62, 64-66, 107, 109-111, 122-123, 157 ; gouvernement des travailleurs et agriculteurs, 72-73 ; leçons pour aujourd'hui, 65 ; lutte pour le pouvoir, 54 ; parti et organisations militaires, 51-52 ; révolutions dans pays opprimés, 68-71, 159-160 ; stratégie transitoire, 71-72 ; vision intégrée de la révolution mondiale, 66-69
Internationale, Deuxième, 62, 93, 162 ; et justifications du colonialisme, 67 ; programme minimum et maximum, 71. *Voir aussi* Internationale socialiste
Internationale, nouvelle, 17, 19, 57, 109-111, 163-164
Internationale, Première, 154
Internationale, Quatrième, 18-19, 54, 110, 111-112, 117, 129, 134, 142, 144, 157 ; et luttes de libération nationales, 113-114 ; maintien de la continuité communiste, 18-19, 151 ; et prolétarisation, 114-115, 148-150 ; et révolution nicaraguayenne, 150-151
Internationale socialiste, 93, 95. *Voir aussi* Internationale, Deuxième
Internationale, Troisième, 62, 93, 162. *Voir aussi* Internationale communiste
Irak : guerre des É.-U. contre, 21, 27
Iran, révolution, 10

Irlande, 96-98

Jeunes socialistes, 20, 21, 23-24

Kamenev, Lev, 78, 81, 82, 100, 101, 141
Kerry, Tom, 143-144
Kuomintang, 77-79, 81, 100, 102, 106-107, 132

Lénine, Vladimir, 46, 55, 65, 70, 158-159 ; autodétermination des nationalités opprimées, 95-96 ; construction d'un mouvement communiste mondial, 67-68 ; et continuité communiste, 12, 14, 28, 153, 160-161 ; défaitisme révolutionnaire durant la première guerre mondiale, 95 ; dictature démocratique révolutionnaire, 86-87, 120-123 ; dirigeant de l'Internationale communiste à ses débuts, 32 ; divergences d'avant 1917 avec Trotsky, 89-97 ; lutte contre les gauchistes, 44 ; et NEP, 74-75 ; « pas de meilleur bolchevik » que Trotsky, 147 ; question nationale, 56 ; et « révolution ininterrompue », 34 ; rôle de la paysannerie, 87-90 ; rôle de la théorie révolutionnaire, 61 ; soulèvement de Pâques 1916 en Irlande, 96-97 ; et soviets, 122-123
Liebknecht, Karl, 93
Ligue communiste d'Amérique (CLA), 111
Ligue des communistes [1848], 59
Lounatcharski, Anatoli, 94
Luttes de libération nationales : Irlande, 96-98 ; Noirs et Latinos aux É.-U., 10, 55 ; Québécois, 55. *Voir aussi* Internationale communiste
Luxemburg, Rosa, 93, 96, 108, 150

Maceo, Antonio, 64
Malcolm X, 10, 64
Mandel, Ernest, 141, 144
Manifeste du parti communiste, 53, 60, 71, 114, 162
Mao Zedong, 143-144
Martí, José, 64
Martov, Iouli, 94
Marx, Karl, 34, 53-56, 63, 150, 154, 155, 156, 161 ; continuité politique avec, 12, 28, 59-61 ; guerre paysanne, 87 ; héritage programmatique de, 64 ; révolution en Russie, 69-70
Mencheviks internationalistes, 94
Mezhrayonka, 147
Montané, Jesús, 41-42, 55-56, 133, 145. *Voir aussi* Parti communiste de Cuba
Mouvement du 26 juillet, 147, 162

Nashe Slovo, 88, 94, 98
NEP. *Voir* Nouvelle politique économique
New Jewel Movement, 15, 26, 31-32, 45, 147
Nicaragua, 31-32, 41, 44-47, 52, 141, 142, 151, 156
Nicaragua, révolution, 10, 15, 25-26, 48-50, 56 ; et continuité révolutionnaire, 59, 62, 148
Nouvelle politique économique (NEP), 74-75, 105

Opposition de gauche internationale, 111, 116, 129, 132, 135, 137, 138
Opposition unifiée, 82, 100, 106 ; sur révolution chinoise, 78-82, 100-101, 122

Parti bolchevique, 12, 36, 40, 50, 56, 62, 79, 91-92, 107-108, 109, 117, 119, 142, 152, 157, 161
Parti communiste de Chine, 127

Parti communiste de Cuba, 15, 31-33, 147, 162 ; appel à front unique anti-impérialiste, 43 ; « castrisme », 56 ; internationalisme prolétarien, 33 ; et luttes de classe et nationales, 41-42 ; et luttes politiques et militaires, 44-45 ; programme fondateur de 1975, 38-41, 54-55, 106 ; et révolution démocratique et socialiste, 40-41
Parti communiste russe, 64, 77, 98, 122 ; Lénine, 33-34
Parti communiste du Salvador, 45, 48 ; cours politique historique, 50-51 ; rôle des commissions militaires, 50-51
Parti communiste de l'Union soviétique, 76, 77, 82, 106, 152, 161
Parti menchevique, 35, 36, 40, 92, 127
Parti socialiste des travailleurs (SWP), 18-20, 21, 22, 26, 28, 106, 111, 139, 143, 153, 154-157, 160, 162, 163-164 ; contribution à la convergence politique, 33-34 ; étude des écrits de Lénine, 12, 154-155 ; position sur les gouvernements des travailleurs et des agriculteurs, 15-17, 19-20, 125-129, 144-146 ; tournant vers l'industrie, 9-12, 19, 21, 25, 150
Paysannerie : Lénine et, 87-88, 89-90, 98, 120 ; Opposition unifiée et, 79, 80-81 ; Staline et, 77-78 ; Trotsky et, 85, 87-89, 98, 102-104, 118-119, 129, 137, 139-140
Piñeiro, Manuel, 43-45, 51-52, 55-56, 133, 145. *Voir aussi* Parti communiste de Cuba
Programme de transition, 54, 111, 126, 128-129, 134-135, 139, 148 ; pendant la révolution russe, 71-72

Question agraire, 47, 70, 78, 145 ; à Cuba, 39-40 ; Trotsky sur, 36, 93, 102-103, 110, 131, 135-140
Question coloniale, 56, 67-69, 70-71, 77, 143, 145-146 ; Lénine, 123, 159 ; Trotsky, 80-81, 96, 104-105, 109-110, 131, 135-137, 139-140

Radek, Karl, 32, 65, 141
Révolution permanente, 34-37, 85-86, 91, 157 ; dans le camp révolutionnaire, 92 ; et continuité communiste, 144, 153, 155-156 ; défendue par Trotsky dans les années 30, 118-119 ; différentes significations de, 141-144 ; et fondation de la Quatrième Internationale, 139-140 ; et positions sectaires gauchistes, 37, 133-134 ; et révolution ininterrompue, 34-35, 143-144 ; et rôle de la paysannerie, 35, 91, 98, 153
Rodríguez, Carlos Rafael, 56, 159-160
Russie, révolution, 17, 18, 62, 67, 85-108, 118-119, 147, 153, 156, 163 ; conception des bolcheviks sur forces de classe en son sein, 90 ; conception de Trotsky avant 1917, 85-86

Salvador, 31-32, 41, 45-48, 52-53, 62, 147-148
Salvador, révolution, 10, 26, 56, 59, 62
Sankara, Thomas, 11
Shanghai, 78, 79
Socialistes-révolutionnaires, 127
Socialistes-révolutionnaires de gauche, 105
Spector, Maurice, 106
Staline, Joseph, 80-81, 82-83, 99, 100 ; déversant un contenu opportuniste dans les conceptions de Lénine, 100-101 ; sur mot

d'ordre du gouvernement des travailleurs et des agriculteurs, 126 ; utilisation du mot d'ordre de dictature démocratique révolutionnaire, 130-131

Stalinisme, 24, 26, 63, 100, 116, 134, 135 ; campagne contre le « trotskysme », 99-100 ; comme deuxième vague de menchevisme, 34 ; et révolution chinoise, 77-81, 122, 132, 160 ; et révolution ininterrompue, 143

SWP. *Voir* Parti socialiste des travailleurs

Tchang Kai-shek, 77-79, 104, 132

Transition : du capitalisme au socialisme, 75 ; de révolution démocratique à révolution socialiste, 35-36, 41, 44, 72-73

Troisième période, 135-136

Trotsky, Léon, 32, 35-36, 65, 81, 109-110 ; Afrique du Sud, 138 ; anciennes conceptions centristes, 91-92, 99-100 ; attitude envers paysannerie, 86, 87-90, 98, 118-119, 137 ; attitude envers première guerre mondiale, 93, 94-95 ; autodétermination des Noirs, 113-114 ; conception des années 30 sur le mot d'ordre de gouvernement des travailleurs et des agriculteurs, 126-127 ; et continuité communiste, 17, 28-29, 63, 107-108, 117-118, 140-141, 156, 158, 160 ; contributions politiques des années 30, 152-153 ; correction d'erreurs politiques gauchistes, 135-140 ; défense de l'État ouvrier en Russie, 112-113 ; désaccords avec Lénine, 35, 85-92 ; et dictature démocratique révolutionnaire du prolétariat et de la paysannerie, 80-81, 85-86, 101-102, 118, 119-122, 126-127, 129 ; dictature du prolétariat, 131-132 ; comme dirigeant de l'opposition bolchevique, 12-13, 33-34, 76-77 ; Indochine, 137-138 ; luttes de libération nationales, 95-96, 113-114, 137-140 ; NEP, 74 ; position centriste à Zimmerwald, 95 ; programme de transition, 54 ; et prolétarisation, 114-115, 149, 153 ; revendications démocratiques et transitoires, 137-140 ; révolution chinoise, 77, 81-83, 102-105, 131, 136-137, 160 ; soulèvement de Pâques 1916, 96 ; trois secteurs de la révolution mondiale, 111-113

Trotskysme, 91 ; comme renaissance du marxisme véritable, 17-18, 38

Trotskystes, 18, 133-135, 162

Truth, Sojourner, 64

Viêt-nam, 51, 66, 133, 137-138

Waters, Mary-Alice, 14, 22-23
Wright, John G., 121
Wuhan, 78, 79

YSA. *Voir* Alliance des jeunes socialistes

Zimmerwald, conférence de, 95
Zinoviev, Grigori, 32, 65, 78, 81, 82, 100, 101, 141, 160

LA RÉVOLUTION RUSSE

QUE FAIRE ?
VLADIMIR I. LÉNINE

Ce livre explique les enjeux historiques impliqués dans la création d'une organisation disciplinée et militante de révolutionnaires professionnels capable de « réagir simultanément en face des problèmes, incidents ou événements politiques qui passionnent toute la Russie. » Écrit en 1902, un des ouvrages fondamentaux qui ont guidé les travailleurs d'avant-garde qui ont dirigé la révolution d'octobre 1917 en Russie. En français, anglais et espagnol. 4,95 $ US

L'ALLIANCE DE LA CLASSE OUVRIÈRE ET DE LA PAYSANNERIE
VLADIMIR I. LÉNINE

Dès les premières années du mouvement marxiste en Russie, Lénine a lutté pour forger une alliance entre la classe ouvrière et la paysannerie laborieuse. Une telle alliance était nécessaire pour permettre à la classe ouvrière de prendre la tête de la révolution démocratique et, sur cette base, d'amorcer la révolution socialiste. En français et en espagnol. 17,95 $ US

LA RÉVOLUTION PROLÉTARIENNE ET LE RENÉGAT KAUTSKY
VLADIMIR I. LÉNINE

« La révolution russe est une révolution bourgeoise, disaient tous les marxistes de Russie avant 1905. Le rapport des forces de classe dans la révolution bourgeoise, les bolcheviks le formulaient ainsi : le prolétariat, en s'adjoignant la paysannerie, neutralise la bourgeoisie libérale et détruit entièrement la monarchie, la féodalité, la grande propriété foncière. C'est l'alliance du prolétariat avec la paysannerie dans son ensemble qui marque le caractère bourgeois de la révolution. Ensuite, le prolétariat s'adjoint tout le semi-prolétariat, neutralise la paysannerie moyenne et jette à terre la bourgeoisie : c'est ce qui distingue la révolution socialiste de la révolution démocratique bourgeoise. » En français et en espagnol. 5,95 $ US

HISTOIRE DE LA RÉVOLUTION RUSSE
LÉON TROTSKY

Le récit classique de la dynamique sociale, économique et politique de la première révolution socialiste, raconté par l'un de ses principaux dirigeants. Trotsky décrit comment, sous la direction de Lénine, le Parti bolchevique a conduit la classe ouvrière, la paysannerie et les nationalités opprimées à renverser le régime monarchiste des propriétaires fonciers et des capitalistes et à porter au pouvoir un gouvernement des travailleurs et des paysans, qui est devenu un exemple pour les travailleurs du monde entier. Aussi en anglais et en russe. 29,95 $ US

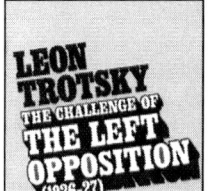

LE DÉFI DE L'OPPOSITION DE GAUCHE (1926-1927)
LÉON TROTSKY

Documents de la lutte menée par l'opposition communiste de 1923 à 1929 contre le cours politique et économique réactionnaire de la caste bureaucratique en ascension en Union soviétique. Deuxième tome d'une série de trois. En anglais. 34 $ US

LA TROISIÈME INTERNATIONALE APRÈS LÉNINE
LÉON TROTSKY

Écrite en 1928, voici l'alternative de Trotsky au cours de Staline conduisant à l'abandon du programme révolutionnaire de l'Internationale communiste. « Un programme communiste international n'est d'aucune façon la somme des programmes nationaux ou un amalgame de leurs traits communs, a-t-il écrit. À l'époque actuelle et beaucoup plus que par le passé, l'orientation nationale du prolétariat ne doit et ne peut découler que d'une orientation mondiale et non l'inverse. » En anglais. 25 $ US

WWW.PATHFINDERPRESS.COM

La révolution cubaine et la

Notre histoire s'écrit toujours
L'histoire de trois généraux cubains d'origine chinoise dans la révolution cubaine
Armando Choy, Gustavo Chui et Moisés Sío Wong parlent de la place historique de l'immigration chinoise à Cuba ainsi que de plus de cinq décennies d'action révolutionnaire et d'internationalisme — à Cuba, en Angola et aujourd'hui au Venezuela. À travers leur histoire, on voit les forces sociales et politiques qui ont donné naissance à la nation cubaine et ouvert la porte à la révolution socialiste dans les Amériques. Et comment des millions d'hommes et de femmes ordinaires ont changé le cours de l'histoire et sont devenus des êtres humains différents en le faisant. 20 $ US. En anglais et en espagnol.

Défendre Cuba, défendre la révolution socialiste à Cuba
Mary-Alice Waters
Face aux plus grandes difficultés économiques dans l'histoire de la révolution, les travailleurs et les agriculteurs de Cuba ont défendu dans les années 1990 leur pouvoir politique, leur indépendance, leur souveraineté et le cours historique qu'ils ont initié au début des années 1960. Dans *Nouvelle Internationale* n° 5. 17 $ US. Aussi en anglais et en espagnol.

De l'Escambray au Congo
Dans le tourbillon de la révolution cubaine
Victor Dreke
L'auteur décrit combien il est devenu facile après la révolution cubaine d'enlever une corde séparant les noirs des blancs sur la place du village, mais aussi à quel point a été énorme la bataille pour transformer les relations sociales qui sous-tendaient toutes les « cordes » héritées du capitalisme et de la domination yankee. Commandant en second dans la colonne internationaliste dirigée par Che Guevara au Congo en 1965, Victor Dreke retrace la joie créatrice avec laquelle les travailleurs et les agriculteurs de Cuba ont défendu leur cours révolutionnaire — des montagnes de l'Escambray jusqu'en Afrique et ailleurs. 17 $ US. En anglais et en espagnol.

politique mondiale

Les Première et Deuxième déclarations de La Havane

Manifestes de la lutte révolutionnaire dans les Amériques adoptés par le peuple de Cuba

Nulle part, les questions de stratégie révolutionnaire auxquelles font face les hommes et les femmes aujourd'hui sur le front de la lutte dans les Amériques ne sont abordées avec plus de véracité et de clarté que dans ces mises en accusation sans compromis du pillage impérialiste et de l'« exploitation de l'homme par l'homme. » Deux documents adoptés par des assemblées réunissant des millions de Cubains en 1960 et 1962. 10 $ US. Aussi en anglais, arabe, espagnol et grec.

Che Guevara : l'économie et la politique dans la transition au socialisme
Carlos Tablada

Puisant abondamment dans les écrits et les discours de Che Guevara sur la construction du socialisme, ce livre examine les relations entre le marché, la planification économique, les stimulants matériels et le travail volontaire. Il explique pourquoi le profit et les autres catégories capitalistes ne peuvent servir à mesurer les progrès accomplis dans la transition au socialisme. 24 $ US. Aussi en anglais et en espagnol.

Dire la vérité

Pourquoi la « guerre froide » de Washington contre Cuba ne cesse pas

Dans ces discours historiques aux Nations unies et à des institutions de l'ONU, Ernesto Che Guevara et Fidel Castro expliquent aux peuples du monde pourquoi le gouvernement U.S. craint tellement l'exemple donné par la révolution socialiste à Cuba et pourquoi les efforts de Washington pour la détruire vont échouer. 17 $ US. En anglais.

www.pathfinderpress.com

Révolution aux États-Unis

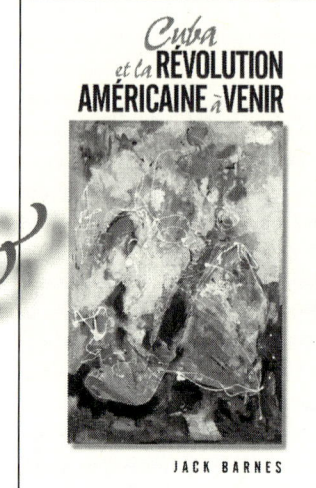

Une révolution socialiste est-elle possible aux États-Unis ?
MARY-ALICE WATERS
Non seulement une révolution socialiste est-elle possible aux États-Unis, dit l'auteure, mais il est inévitable que les travailleurs y mènent des luttes révolutionnaires. Ceux-ci n'en prendront pas l'initiative. Ce sont les classes possédantes qui le feront, poussées par la crise. Alors qu'une avant-garde combattante de la classe ouvrière émerge aux États-Unis, on peut déjà entrevoir les contours des combats qui viennent, dont l'issue *n'est pas* inévitable. Celle-ci dépend de nous. 5 $ US. Aussi en anglais et en espagnol.

Cuba et la révolution américaine à venir
JACK BARNES
La révolution cubaine de 1959 a eu un impact politique à travers le monde, y compris sur les travailleurs et les jeunes au coeur de l'impérialisme. Alors que la lutte de masse à base prolétarienne pour les droits des Noirs gagnait déjà du terrain aux États-Unis, la transformation sociale pour laquelle s'étaient battus et qu'avaient gagnée les travailleurs et les paysans cubains a donné l'exemple qu'une révolution socialiste est non seulement nécessaire, mais qu'on peut la faire et la défendre. Cette deuxième édition, avec une nouvelle préface de Mary-Alice Waters, est à lire avec *Une révolution socialiste est-elle possible aux États-Unis ?* 10 $ US. Aussi en anglais et en espagnol.

La continuité révolutionnaire
La direction marxiste aux États-Unis
FARRELL DOBBS
Comment des générations successives de combattants ont participé aux luttes du mouvement ouvrier aux États-Unis en cherchant à construire une direction capable de faire avancer les intérêts de classe des travailleurs et des petits agriculteurs et de se lier aux autres producteurs exploités à travers le monde. Deux tomes, en anglais : *Les premières années, 1848-1917*, 20 $ US ; *Naissance du mouvement communiste, 1918-1922*, 19 $ US.

www.pathfinderpress.com

Construire UN PARTI PROLÉTARIEN

Le visage changeant de la politique aux États-Unis
La politique ouvrière et les syndicats
JACK BARNES

Comment construire le type de parti dont les travailleurs ont besoin pour se préparer aux batailles de classe qui viennent, au cours desquelles ils vont se révolutionner, révolutionner leurs syndicats et révolutionner toute la société. Un guide pour ceux qui cherchent la voie de l'action efficace pour renverser le système d'exploitation capitaliste et se joindre à la reconstruction du monde sur de nouvelles assises socialistes. Aussi en anglais, espagnol et suédois. 23 $ US

Défense du marxisme
Les contradictions sociales et politiques de l'Union soviétique à la veille de la deuxième guerre mondiale
LÉON TROTSKY

Dans ces textes écrits en 1939-1940, Léon Trotsky répond à ceux qui battaient en retraite dans le mouvement ouvrier révolutionnaire devant la nécessité de défendre l'Union soviétique face à l'assaut impérialiste imminent. Il y explique pourquoi seul un parti qui lutte pour intégrer un nombre croissant de travailleurs dans ses rangs et dans sa direction peut maintenir un cours révolutionnaire constant. En anglais et en espagnol. 25 $ US

L'histoire du trotskysme américain, 1928-1938
Le rapport d'un participant
JAMES P. CANNON

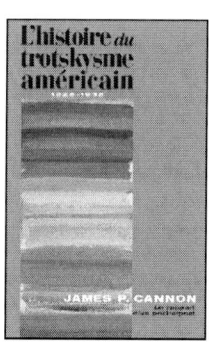

« Le trotskysme, dit Cannon, n'est pas un nouveau mouvement, une nouvelle doctrine, mais la restauration, la renaissance du marxisme véritable tel qu'il a été exposé et appliqué au cours de la révolution russe et des premiers jours de l'Internationale communiste. » Dans cette série de 12 présentations faites en 1942, James P. Cannon raconte un épisode décisif des efforts déployés pour construire un parti prolétarien aux États-Unis. Aussi en anglais et en espagnol. 22 $ US

www.pathfinderpress.com

Aussi de Pathfinder

LE DÉSORDRE MONDIAL DU CAPITALISME
Jack Barnes

La dévastation sociale et les paniques financières, le durcissement de la politique, la brutalité policière, la militarisation de la vie quotidienne et les actes d'agression impérialiste — aucune de ces réalités n'est le produit de quelque chose qui s'est détraqué dans le capitalisme, mais bien des lois qui régissent son fonctionnement. La lutte unitaire des travailleurs et des agriculteurs de plus en plus conscients de leur capacité de transformer le monde peut changer l'avenir. 24 $ US. Aussi en anglais et en espagnol.

LE MANIFESTE COMMUNISTE
Karl Marx et Friedrich Engels

Le document fondateur du mouvement prolétarien moderne, publié en 1848. Il explique pourquoi le communisme ne découle pas de principes préconçus, mais de la ligne de marche de la classe ouvrière vers le pouvoir — issue « d'une lutte de classe existante, d'un mouvement historique qui s'opère sous nos yeux. » 5 $ US. Aussi en anglais et en espagnol.

LA RÉBELLION TEAMSTER
Farrell Dobbs

Les grèves de 1934 qui ont construit le mouvement des syndicats industriels à Minneapolis et contribué à l'essor du CIO, racontées par un de leurs dirigeants centraux. Le premier d'une série de quatre livres sur la direction de lutte de classe de ces grèves et des campagnes de syndicalisation qui ont transformé dans la plus grande partie du Midwest le syndicat des Teamsters en un mouvement social combatif et montré la voie en avant vers l'action politique ouvrière indépendante. 19 $ US. En anglais et en espagnol.

www.pathfinderpress.com

LA CLASSE OUVRIÈRE ET LA TRANSFORMATION DE L'ÉDUCATION
L'IMPOSTURE DE LA RÉFORME DE L'ÉCOLE SOUS LE CAPITALISME
Jack Barnes

« Jusqu'à ce que la société soit réorganisée de façon à ce que l'éducation soit une activité humaine de notre prime jeunesse à notre mort, il n'y aura pas d'éducation digne de l'humanité travailleuse et créatrice. » Aussi en anglais, espagnol, farsi, grec, islandais et suédois. 3 $ US

L'IMPÉRIALISME, STADE SUPRÊME DU CAPITALISME
V. I. Lénine

« J'ose espérer, » écrit Lénine au milieu de la première guerre mondiale, « que ma brochure aidera à l'intelligence d'un problème économique capital, sans l'étude duquel il est impossible de rien comprendre à ce que sont les guerres d'aujourd'hui et la politique d'aujourd'hui ; je veux parler de la nature économique de l'impérialisme. » 7,95 $ US. Aussi en anglais et en espagnol.

THOMAS SANKARA PARLE
LA RÉVOLUTION AU BURKINA FASO, 1983-1987

Sous la direction de Thomas Sankara, le gouvernement révolutionnaire du Burkina Faso en Afrique de l'Ouest a donné un exemple électrisant. Il a mobilisé les paysans, les travailleurs, les femmes et les jeunes pour mener des campagnes d'alphabétisation et de vaccination ; creuser des puits, planter des arbres, construire des barrages et des logements ; combattre l'oppression des femmes, transformer les relations d'exploitation à la campagne ; se libérer du joug impérialiste et se solidariser avec ceux qui étaient engagés dans le même combat ailleurs dans le monde. 24 $ US. Aussi en anglais.

Nouvelle Internationale
UNE REVUE DE POLITIQUE ET DE THÉORIE MARXISTES

NOUVELLE INTERNATIONALE N° 9
Révolution, internationalisme et socialisme : la dernière année de Malcolm X
Jack Barnes

« Comprendre la dernière années de Malcolm X, c'est voir comment à l'époque impérialiste une direction révolutionnaire du plus haut niveau de capacité, de courage et d'intégrité politiques converge avec le communisme. Cette vérité prend un poids encore plus grand aujourd'hui alors que l'expansion violente du capitalisme mondial précipite des milliards de personnes à travers le monde dans la lutte de classe moderne, de la Chine au Brésil. » — Jack Barnes

Contient aussi : « L'héritage anti-ouvrier des Clinton : les racines de la crise financière mondiale de 2008 » ; « L'intendance de la nature incombe aussi à la classe ouvrière : en défense de la terre et du travail » ; « Rétablir la vérité sur le fascisme et la deuxième guerre mondiale. » 16 $ US

NOUVELLE INTERNATIONALE N° 7
Le long hiver chaud du capitalisme a commencé
Jack Barnes

*Et « Leur transformation et la nôtre, »
résolution du Parti socialiste des travailleurs*

Les conflits interimpérialistes qui s'aiguisent aujourd'hui sont alimentés à la fois par le début de ce qui sera des décennies de convulsions économiques, financières et sociales et de batailles de classe, et par le plus important changement dans la politique et l'organisation militaires de Washington depuis l'escalade U.S. qui a conduit à la deuxième guerre mondiale. Les travailleurs ayant un esprit de lutte de classe doivent faire face à ce point tournant pour l'impérialisme et prendre plaisir à projeter un cours révolutionnaire pour y faire face. 16 $ US

TOUS CES NUMÉROS SONT AUSSI DISPONIBLES EN ANGLAIS ET EN ESPAGNOL À
WWW.PATHFINDERPRESS.COM

NOUVELLE INTERNATIONALE N° 8
NOTRE POLITIQUE COMMENCE AVEC LE MONDE
Jack Barnes

Les énormes inégalités économiques et culturelles qui existent entre les pays impérialistes et semicoloniaux et entre les classes de presque tous les pays sont produites, reproduites et accentuées par le fonctionnement du capitalisme. Pour que des travailleurs d'avant-garde puissent construire des partis capables de diriger une lutte révolutionnaire victorieuse dans nos propres pays, dit Jack Barnes, nous devons guider notre activité avec une stratégie visant à combler cet écart. *Contient aussi* : « L'agriculture, la science et les classes travailleuses » *de Steve Clark* ; « Capitalisme, travail et nature, » *un échange entre Richard Levins et Steve Clark*. 14 $ US

NOUVELLE INTERNATIONALE N° 6
L'IMPÉRIALISME U.S. A PERDU LA GUERRE FROIDE
Jack Barnes

Contrairement aux attentes de l'impérialisme au début des années 90 après l'effondrement des régimes qui prétendaient être communistes en Europe de l'Est et en URSS, les travailleurs et les agriculteurs de ces pays n'ont pas été écrasés. Des relations sociales capitalistes n'y ont pas non plus été stabilisées. Les travailleurs demeurent un obstacle intraitable à tout progrès de l'impérialisme, un obstacle que les exploiteurs devront affronter dans des batailles de classe et la guerre. 16 $ US

NOUVELLE INTERNATIONALE N° 5
LA MARCHE DE L'IMPÉRIALISME VERS LE FASCISME ET LA GUERRE
Jack Barnes

« Il y aura de nouveaux Hitlers et de nouveaux Mussolinis. C'est inévitable. Ce qui n'est pas inévitable, c'est leur victoire. L'avant-garde ouvrière organisera notre classe pour riposter aux conséquences dévastatrices qu'il nous faut payer pour la crise du capitalisme. L'avenir de l'humanité va se décider dans la lutte entre ces forces de classe ennemies. » 17 $ US

NOUVELLE INTERNATIONALE N° 4
LES PREMIÈRES SALVES DE LA TROISIÈME GUERRE MONDIALE
LA GUERRE CONTRE L'IRAK
Jack Barnes

L'attaque meurtrière contre l'Irak en 1990-1991 a annoncé des conflits de plus en plus aigus entre les puissances impérialistes, une instabilité croissante du capitalisme international et plus de guerres. *Contient aussi* : « La troisième poussée militariste de Washington » *de Mary-Alice Waters* ; « Les leçons de la guerre Iran-Irak » *de Samad Sharif* et « Cuba dénonce la guerre de Washington à l'ONU. » 13 $ US

PATHFINDER DANS LE MONDE

Pour obtenir une liste complète de nos titres ou en commander, visitez

www.pathfinderpress.com

LES DISTRIBUTEURS DES ÉDITIONS PATHFINDER

ÉTATS-UNIS
(et Amérique latine, Antilles et Asie de l'Est)
Pathfinder Books, 306 W. 37th St., 10ᵉ étage,
New York, NY 10018

CANADA
Livres Pathfinder, 7105, rue St-Hubert, suite 106 F,
Montréal (QC), H2S 2N1

ROYAUME-UNI
(et Europe, Afrique, Moyen-Orient et Asie du Sud)
Pathfinder Books, 1ᵉʳ étage, 120 Bethnal Green Road
(entrée par Brick Lane), Londres, E2 6DG

SUÈDE
Pathfinder böcker, Bildhuggarvägen 17, S-121 44 Johanneshov

AUSTRALIE
(et Asie du Sud-Est et Pacifique)
Pathfinder, niveau 1, 3/281-287 Beamish St., Campsie, NSW 2194
Adresse postale : P.O. Box 164, Campsie, NSW 2194

NOUVELLE-ZÉLANDE
Pathfinder, 7 Mason Ave. (à l'étage), Otahuhu, Auckland
Adresse postale : P.O. Box 3025, Auckland 1140

Adhérez au club des lecteurs de Pathfinder
et obtenez un rabais de 15 pour cent
sur tous les titres de Pathfinder
et de plus grands rabais sur les spéciaux.
Contactez www.pathfinderpress.com
ou les distributeurs qui précèdent.